明度と高さの組み合わせで
庭をグレードアップする

カラーリーフ図鑑

山本規詔

はじめに

カラーリーフプランツとは

「カラーリーフ」とは、もともと「カラーリーフプランツ（Color-leaved Plants）」を省略した言葉です。今でこそ違和感なく使われますが、日本の園芸界でしか通用しない和製英語のひとつです。海外では「カラーフォリッジプランツ（Coloer-foliaged plants）」、「オーナメンタルフォリッジプランツ（Ornamental Foliage Plants）」という表現もします。

日本で最初に「カラーリーフプランツ」という言葉を紹介したのは千葉大学の横井政人名誉教授で1987年のことでした。その後の1997年には同教授により「カラーリーフプランツ　葉の美しい植物の図鑑」（誠文堂新光社）が出版され、ようやく「カラーリーフプランツ」は日本での市民権を得たといえましょう。その本によると、カラーリーフプランツとは「普通の緑色葉を持つ植物を除いた葉色が銀色（シルバー）、黄色（イエロー、ゴールデン、ライム）、銅色（ブロンズ）、赤色（レッド）、また秋に紅葉・黄葉する植物」の総称としています。また同教授は「本書には斑入り植物も含めたかったが、あまりにも膨大で今回は取り上げなかった」とも述べており、今後、日本の庭園を明るいものに代える主要なアイテムで、需要も高まりつつあるという旨の紹介をしています。

私は約30年前の1990年代に欧米の園芸事情に触れ、海外での園芸植物に関する色彩感覚の違いに大変興味をそそられました。欧米の園芸家たちは、植物の栽培だけではなく、それをいかに組み合わせて色彩豊かな庭をつくり上げるか、ということに熱心で、その色使いは絵を描いたり洋服をデザインする感覚に近いと感じたのです。当時一流といわれたガーデンデザイナーも、ただ絵を描くのではなく、各々の植物の性質を熟知したうえで植物の配置を決めているように感じました。それを象徴するのは英国の名園シシングハーストの「ホワイトガーデン」や、ヒドコットマナーの「レッドボーダー」で、はじめて訪れた時の衝撃は今でも忘れられません。

それからは、自身の研究テーマとして欧米で盛んに使われる園芸植物、とくにカラーリーフプランツの導入や栽培実験を繰り返し、日本での可能性を探ってきました。いわゆる「ガーデニングブーム」の起こる前で、日本で入手できるカラーリーフプランツはごく僅かしかありません。最初の10年間ほどは材料を自分で調達するしかなく、欧米の庭を紹介した洋書を頼りに植物リストを作り、渡航するたびにガーデンセンターなどを巡って植物を抱えて帰ったものです。国内の好事家を訪ねて分譲してもらうこともありました。

そうして集めた植物は、当時関わっていた植物園などに植え、利用例とともに公開したのです。もちろん気候に合わずに枯れていくものもありましたが、中には広く普及していく植物もありました。ケントウレアやカンナ、アルテルナンテラなどはその一例です。

日本の園芸文化とリーフプランツ

ところで、日本でリーフプランツを楽しむ園芸文化は、別段今に始まったわけではありません。江戸時代に盛んになったオモトやイワヒバ、マツバランなどは葉の「芸」を楽しむ園芸ですし、平安時代に書かれた日本最古の庭園書『作庭記』にも、庭の手本とするのは山や海などの自然景観、とくに景勝地であるとしています。したがって、古来より日本の庭に用いる植物は、花よりも葉の色味や質感と樹形に重きが置かれ、その組み合わせで庭を構成するスタイルが基本だったのです。ただ、選ばれる樹種の

シシングハーストのホワイトガーデン　　　　　　　　　　　ヒドコットマナーのレッドボーダー

多くはマツやモッコク、ツゲなどの常緑で葉色の暗いものが大半で、モミジなどの明るい樹種は少なく、草花にいたっては重要視されません。

　そうした庭は、深山の静けさや「侘び、寂び」を表現するには向いていたかもしれませんが、現代の建築や生活の洋風化、とくに若い世代の嗜好とのギャップが大きくなるのは避けられないことでしょう。斑入り植物への嗜好は江戸時代に盛んになりますが、あくまでも鉢植え中心で、庭園に植えてほかの植物との調和を探求するという使われ方はみられません。

　時代は平成に入り、1990年代の後半に始まったガーデニングブームは、日本のバブル時代の反映でもありました。園芸誌でイギリスの華やかなフラワーショウや、ボーダーガーデンなどの情報が盛んに取り上げられ、それをお手本に、多様な草花を組み合わせてつくる庭の人気が高まったのです。それは、豊かさを象徴する住環境の洋風化や、心地よく管理された自然との触れ合いを求める人々の嗜好に合ったものだったといえるでしょう。

　やがて気候の差、とくに気温と湿度の高い季節が半年近く続く日本の気候は、イギリス流のガーデニング手法は合わないことが理解されるようになり、いわゆる「寄せ植えフラワーアレンジ」的なガーデニング手法は、コンテナやハンギングバスケットで

の容器栽培に定着するにとどまりました。その後のバブルの崩壊に続いて園芸業界も低迷期に入るわけですが、じつはその「フラワーアレンジ的」な装飾園芸と、バブル崩壊後の節約志向こそが、カラーリーフの重要性を認識するきっかけとなったのです。

　花を美しく眺めるには、花がら摘みなどそれなりの手間がかかり、開花期の制限もあります。ベゴニアやパンジーなどのように長期間楽しめる草花の種類はそれほど多くはありません。同じ一鉢なら、カラーリーフなら数分の一の手間で長期間楽しめるということがわかり、次第に利用する人々が増え始めました。需要が増えれば、流通する種類や量も増える、そしてそれがまた新しい需要を生むという好循環が、カラーリーフを中心に起こっているのです。

　現在、日本の園芸史上ではかつてないほどの種類のカラーリーフプランツが流通しています。本書が紹介するのはそのごく一部にしかすぎませんが、ここに書かれている内容は私が自身で栽培し確かめた情報に基づいています。もちろん、皆さんがお住まいの地域の気候や土質の差、当時の栽培方法で違う結果になることがあるかもしれません。しかし、参考になりそうなことはできるだけ載せるように努めました。より多くの人々が園芸に親しみ、心豊かに暮らせるよう、ささやかなお手伝いができれば幸いです。

山本規詔

目次

Part 6
カラーリーフガーデンづくりの
ポイント
097

本書の使い方

本書で取り上げた植物の名称、とくに園芸品種名について

　植物の名前は難しい。とくに人とのかかわりが深い植物はそうである。外国産で新しく入ってきた種類には日本名がないものも多く、園芸品種となると元になった植物すらはっきりしない場合もある。そうしたものは便宜上、日本にある植物の名前を借りてそれにプラスアルファするような名称で呼ばれる例が多いが、なかにはまったく的外れな名前もある。また、商業上の理由で販売業者が独自に名前をつけて売り出すこともあるし、流通の過程でなんとなく決まってしまう名前もある。

　また、ある園芸品種が売り出されても、数年で市場から姿を消したり、違った名前（商品名）で再販売されることもあるなど、ひとつの品種の市場での寿命は必ずしも長くない。これとは逆に同じ名前で流通していても、以前とは若干性質が変わっていることもある。本書で紹介する植物名は、なるべく園芸店などで使われる現実的なものとしたが、誤解を招きやすい名称はあえて避けるようにした。ご了承願いたい。

学名、所属科について

　できるだけ最新の分類学に基づいて紹介するため、APG：被子植物系統グループ（Angiosperm Phylogeny Group）の分類体系に従うようにした。

　これは、葉緑体DNAの解析によって植物の類縁関係を決める分類体系で、1998年の初版に始まり、2016年に第4版が公表された。植物の外観、とくに花の構造をもとに分類する旧来の分類学とは根本的に異なる。

植物データについて　基準は中部日本の太平洋側（暖地は関東以西の太平洋側）とした。

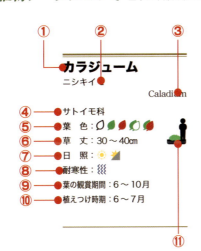

① 植物名
② 別名
③ 属名（ラテン語）
④ 所属する科

　以上4項目は前述のとおり

⑤ 葉色
シルバー・オーレア・ブロンズ・斑入りに大別した。（パート2参照）

⑥ 草丈（樹高）
○～○cmまたはm。放任されたものではなく、ある程度の管理をしたサイズを想定。

⑦日照

日向　　　　　　　　半日陰　　　　　日陰
（1日5～6時間以上）（3～4時間）（1～2時間以上）

⑧耐寒性

強い　　　　　　　　普通　　　　　　弱い
（－15℃まで）　　（－7℃）　　　（0℃）

⑨葉の観賞期間
⑩植えつけ時期
⑪草丈・樹高の目安をアイコンで表示。
低いものからまとめて植物名の音順に配列。

くるぶし程度　ひざ丈程度　胸丈程度　背丈以上　つる

おもな葉色

白　　黄　　オレンジ　　緑　　赤

ピンク　赤紫　紫　うす茶色　茶

銀　　黒　　白斑　　黄斑　　赤斑

Part 1

眺めて楽しく、周囲の風景に溶け込み、維持管理が楽な

カラーリーフを使った素敵な庭

シルバーリーフのアルテミシアを中心に、奥にフウチソウ、手前にアジュガとカレックス、セキショウなどを配した植栽

素敵な庭の条件

　園芸を趣味とする皆さんが憧れる「素敵な庭」とはどんな庭でしょう。庭の好みは各人各様ですし、オーナーの年齢や家族構成でも変わります。流行にも左右されるでしょう。ある人は「バラと草花で一年中花が絶えない庭」が理想かもしれませんし、「静かな山里にあるようなコテージ風の庭」がいいという人もいるでしょう。

　ただ、これらは「理想（趣味）の庭」であって、「素敵な庭」かどうかは別です。コレクションした植物だけで庭をつくる、というのも不可能ではありませんが、それは「庭」というより「栽培場」に近いものです。

　私が考える素敵な庭は「地域の景観を乱さず、レベルアップするような美しさを備えていること」、「オーナーの趣味を反映して庭で過ごす時間が楽しく感じられること」、「将来にわたって無理なく維持できること」の3つの条件を満たしているのが理想です。

さまざまな条件を考えて植物を選び組み合わせる。見る角度によって異なる庭の表情が楽しめる飽きの来ない植栽が好ましい

カラーリーフを引き立てる石張りのテラス。奥のルーバーフェンスは隣家からの視線を遮り、気兼ねなく庭仕事が楽しめる

9

テイカカズラ　サワラ　フィリフェラオーレア　ロウバイ　シモツケ　ヘレボラス　サルビア　ガーデンベルギア　ヘレボラス　オガタマノキ　チャスマンシウム　ニシキギ　ナンテン　ベニバナ　トキワマンサク　ツバキ　ギボウシ　イヌマキ　ジャスミン　ヘレボラス　フウチソウ　ギボウシ　ギボウシ　ヤツデ　物置　カーポート　ガザニア　カレックス　カレックス　サルビア　ヘレボラス　ギボウシ　シャガ　ギボウシ　カレックス　花壇（おもに1年草）　セキショウ　イヌツゲ　セキショウ　ツワブキ　花壇　鉢物コーナー　カリステモシ　部屋A　部屋B　サービスヤード　1m　N

常緑樹　落葉樹

2つの庭の間を区切るテラスに角度をつけたのは、視線を誘導して庭を広く見せる工夫のひとつ

■ カラーリーフを使った 庭のデザイン

　本書の8〜17ページに掲載したのは、筆者が庭の骨格と植栽プランを提案し、オーナーが草花を植えて楽しんでいる30坪ほどの庭です。住宅の南側で東西に長く、道路には東側で接しています。

　オーナーの希望は、これといったスタイルの好みはないけれども、以前からあった庭石や樹木を無駄にしたくないのと、物置小屋と車1台分の臨時の駐車スペースが欲しいというものでした。もともと趣味園芸の経験が長く、いろいろな植物を育てるのを楽しみにしているオーナーでしたから、細かい植物選びはその都度相談することにして、庭の基本デザインとエクステリアの施工を中心に進めることにしました。

　メインの庭は東と西の2つ、それに加えてカーポート周りが植栽スペースとなります。サービスヤードとの行き来が無理なくできるよう園路を決め、隣家の窓からの視線を遮る目隠しフェンスも設置しました。エクステリアには飽きの来ない高級感と耐久性を第一に、グレー〜ブラウン系を基調とした石材とコンクリートの二次製品を選んであります。

　メインの庭である居室AとBの前は、それぞれ違った雰囲気となるよう敷石や舗装材を変え、とくに物置小屋もある西の庭は、オーナーの趣味である大工作業がしやすいよう平板舗装としました。

カラーリーフとうまくマッチしたテラスは石材とコンクリートの洗い出し。格調を感じさせるようデザインに気を配った

テラス脇のリシマキア、ギボウシ、斑入りのシャガ
など。立派な庭石は以前の庭からのリサイクル

テラス奥のフェンス前は朝日しか当らない。ギボウシ
やフウチソウなど、フォルムやテクスチュアの違いを
楽しむ。アクセントの鬼瓦はオーナー思い出の品

常緑樹と多年草が中心のテラスまわりの植栽。ギボウシの明るさを目で追うと、視線は自然と左奥へ導かれる

■ 2つの庭のデザインポイント

　この庭があるのは海に近い中部地方の太平洋側で、気候は温暖ですが、台風のときの潮風や冬の冷たい西風が強く吹くところ。植物選びも性質がデリケートな種類はなるべく避けて、夏に強い植物が中心になります。オーナーの希望もあり、将来手入れが大変になる高木類を少なくしたので、カーポート脇のモクレンと、物置小屋横のイヌマキの木以外は2m以下に抑えられています。

多年草が中心の西の庭

　ルーバーフェンスと2段のテラスを用意した西の庭は、南側の二階家の陰になりがちなこともあり、日陰に強い常緑樹とカラーリーフの宿根草が中心になっています。フェンスも暗めの色調で抑えてあるので、ギボウシや斑入りのシャガ、ムラサキツユクサの黄金葉など明るいカラーリーフが引き立ちます。

1年草を楽しむ東の庭

　一方、オーナーが育てる1年草を楽しむ東の庭は、明るくて開けた雰囲気です。中央から居室寄りのスペースはいつでも更地に戻せるように庭石などは置かず、あらかじめ植えたのはわずかなグラウンドカバーだけ。

　1年草を植える花壇には堆肥を多めにすき込み、鉄平石で仕上げた園路が花壇の額縁となるようにデザインしました。その奥には樹高を抑えたコニファーや低木類で背景をつくり、要所要所にカラーリーフの多年草を挟んでいます。

左：大きな岩の裾を隠すツワブキとヒューケラ'パレスパープル'。奥のシルバーリーフはアルテミシア。下：褐色の葉が印象的なアジュガ'チョコレートチップ'。タイムやクリスマスローズとともに

左：高低差で見せるシルバーカラーのアジュガ（前）とアルテミシア（奥）。対照的なブロンズリーフのカレックスとニューサイラン（左奥）。上：黄金葉のアジュガとディコンドラ'シルバーフォールズ'。パンダスミレが愛嬌を添える

矮性のヒマワリと赤花のルドベキアをメインにした東の庭の夏花壇。
シルバーリーフが美しいガザニア・ユニフロラとブロンズカラーの
ユーパトリウム'チョコレート'に挟まれて夏の花が咲き誇る

■ 花との組み合わせ方

　東の庭に植える1年草のほとんどはオーナー自ら種子から育てており、毎年のようにテーマを変えて楽しまれているご様子。「毎年、ついタネを買いすぎて冷蔵庫が一杯になる…」ほどのこだわりようです。

　草花の配置はオーナー自身がデザインされていますが、カラーリーフもうまく取り入れて宿根草と1年草のミックス花壇になることも珍しくありません。使われているカラーリーフは丈夫で生育の早い種類が大半ですから、1年草の植えつけに合わせて株分けしたり場所を移動したりと、上手に使いこなしています。

　背景となる低木は常緑樹と落葉樹が半々ですが、フェンスに常緑のテイカカズラなどが絡ませてあるので、冬枯れの季節も寂しくなることはありません。

アルテミシアを背景に紅白の花を咲かせる宿根草のサルビア
'ホットリップス'。毎年可憐な姿を現して楽しませてくれる

ロウバイの株元をユーパトリウム〝チョコレート〟が引き締める。黄金葉で白花のシモツケ〝ホワイトゴールド〟（左）、ルドベキアの陰にはシロタエギクも見える。手前はカレックス〝フロステッドカール〟

道路から玄関へと続くアプローチを飾るカラーリーフ。路をふさぐ
つるがご愛嬌だが手入れするのも楽しいもの

小鳥の水浴び場の下をツワブキやヒューケレラが
飾り、枝を伸ばしたセイヨウヒイラギが白斑葉を
揺らして動きをつける

広いアプローチに設けたカラーリーフの植栽。銅葉のスモークツリーが新緑の木立ちでひときわ目を引く。
足元のグラジオラスに続き、季節を追ってヤマボウシ、セイヨウニンジンボクと木々の花が彩りを添える

玄関わきの小さなスペースでもカラーリーフは大活躍。ちょっとしたコーナーほど色彩の効果で和らいだ雰囲気が楽しめる

石積みの境目などもカラーリーフの活躍の場。ティアレラ'ピンクスカイロケット'の花がにぎやかに咲いた

庭の隅の日陰のコーナーで。ヘンリーヅタとテイカカズラを這わせたフェンスの下は、丈夫なラミウムでカバー。キャラメル色のヒューケラがアクセントとなる

木立ちの下で山野草が季節を告げる。オニシモツケ、ギボウシ、カンパニュラの花々に散り斑のイタドリが明るさをプラス

つるバラやレーマンニアが咲く園路をゴールドカラーの
フウチソウが明るく照らしだす

斑入りのアオキがアンティーク調のレンガ壁に映え、黄金葉のメギ、
キイチゴの仲間が輝きを放つ。デルフィニュームは引き立て役に

銅葉のカンナや赤葉ハイビスカスなどの赤色をテーマとしたカラーガーデン。コリウスやケイトウなどカラーリーフが草花を引き立てる

ダークカラーの黒竜、アジュガ、カレックス、ヒューケラ、メギなどを集め、シックにまとめた日陰の植え込み

色鮮やかなリーフレタスとシロタエギクのコントラストが目を引くポタジェ。フレンチマリーゴールドが華やかさを引き立てる

Part 2

明度と高さの組み合わせで 素敵な庭を演出する

ブライトカラーの植栽。手前のカリフォルニアポピーとメギ
から後ろの黄金葉のキイチゴへ続く。黄色い花穂はルピナス

カラーリーフの役割を考える

　草花にしても庭木にしても、花の咲く時期は限られます。花壇用の草花でも同じ種類が数ヶ月も咲き続けるのは、パンジーやベゴニアなどごく一部だけです。

　カラーリーフの最大の長所は、花が咲いていなくても美しい色彩や形の面白さを楽しめること。上手に利用すれば、咲いている花を際立たせるだけでなく、花とは違ったニュアンスを生かし、個性的な庭づくりに役立てることができます。

　あらためてカラーリーフの役割や効用を整理してみると、大きく分けて2つあることが分かります。

植栽をグレードアップする

　まず、庭やコンテナにカラーリーフを加えれば、ほかの木や草花の花色を引き立て、より印象的に見せる相乗効果が期待できます。また、陰影を強調して奥行き感を出し、限られたスペースでも立体感のある庭にすることも可能です。

　カラーリーフには寒冷地から熱帯地域の植物まで含まれているうえ、豊富な色彩とフォルムやテクスチュアがそろっているため、組み合わせの幅が広いのも特徴です。和風・洋風の概念に縛られない現代の建築にマッチする植栽プランには、カラーリーフ抜きには考えられない時代になったといえるでしょう。

手間をかけずに効果をあげる

　毎日のメンテナンスの負担が軽いのもカラーリーフの利点です。多くの家庭では、せっかくなら四季の移り変わりが感じられ、なおかつ管理に手がかからないローメンテナンスな庭がよいという、一見矛盾するニーズがあります。花がら摘みなどの必要がほとんどなく、種類によっては春の新緑、秋の紅葉など、季節感も楽しめるカラーリーフはこうしたニーズにピッタリです。

　たとえば、シンボルツリー1本がやっとというコンパクトな庭の下草に、カラーリーフと草花を使うだけで季節感が生れることもありますし、広い庭のローメンテナンス化には、ぜひ積極的にカラーリーフを取り入れることをおすすめします。

　このように「葉と花」の一人二役的な役割を果たすカラーリーフは、今後いっそう、日本の家庭園芸に定着・浸透していくことでしょう。

植栽プランの基本

　植栽プランを立てるときは、その地の気候風土に合った種類を選ぶのが基本です。ただ気候風土といっても、個々の庭の立地や土質、周囲の環境で微妙に影響を受けます。なので、選んだ植物がご自身の庭でちゃんと育つかどうかは、大体の見当はつきますが、実際に植えてみないとわからないというのが本当です。

　もしあなたが庭を持っていて、何を植えたらいいか迷ったのなら、難しいことは抜きにして、まずは好きなものをメインに据えて、あとは組み合わせてよさそうなものを植えてみることです。その際にこだわって欲しいのは、カラー、フォルム、テクスチュアの3点。基本的に花の組み合わせと変わるところはありません。

　すなわち、同系色か反対色のどちらかにまとめ、姿かたちと質感にこだわり、できるだけ違ったものを組み合わせる、というわけです。

色の調和と形の対比。特徴ある花形のジャーマンアイリスを細かい葉のケントウレア・キネラリアが取り囲む

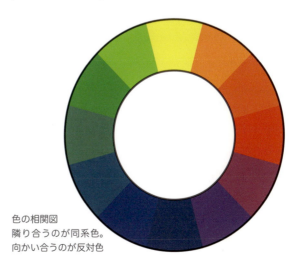

色の相関図
隣り合うのが同系色。
向かい合うのが反対色

多様なフォルムの植栽。手前中央ケントウレア、左にプレクトランサスとセトクレアセア、右にコリウス、ラゴディア。後ろはメリアンサス

だれもが使いこなせる方法を模索

カラー、フォルム、テクスチュアの3点が植栽デザインの基本というのは、ガーデニングブームの黎明期から繰り返し紹介されてきた考え方です。今でもフラワーアレンジや寄せ植えコンテナ関連の啓蒙書には、基礎知識として触れられていますし、私自身、ガーデニングブーム初期の1994年からの2年間、ある園芸雑誌のガーデンデザインについての連載記事で紹介した経緯もあります。あれから20年、リーフプランツをはじめ、植栽材料は豊富になったにもかかわらず、いまだに植栽デザインの入口付近で迷っている方たちが多いような気がしてなりません。

本書を上奏するにあたり、経験を積んだ上級者でなくても、手軽にカラーリーフを使いこなすシンプルで効果的な方法はないだろうか？と思い悩んだ末、ある考えにたどり着きました。

カラーリーフを使いこなす
シンプルテクニック

たとえば、カラーリーフの葉色を表現するのに、ゴールド、ライム、シルバー、ブロンズ、レッド、チョコレートなどなど、さまざまな色名が使われます。ところが色彩感覚は個人差があって、一言にブロンズといっても、赤みを含んだパープル寄りなのか、あるいはもっと黒に近いダークな色なのか、ニュアンスを正確に言葉で表現し、相手に伝えるには限界があります。

また、カラーリーフに限らず実際の植物の色彩は環境や季節でも変わりますから、カラー写真や言葉の上できめ細かく色を表現したところで、一般の庭づくりには役に立たず、かえって大雑把な捉え方のほうが実践的なのではないかと考えたのです。

明暗の差でデザインする

そこで、カラーリーフの葉の色ではなく明るさに着目し、一般的な緑色よりも明るく感じるか暗く感じるかで、大きく2つのグループ「ブライトカラー」と「ダークカラー」に分けてみました。そうした観点であらためてカラーリーフの庭を眺めてみると、面白いことに気づきました。

どうやら、周囲より明るく見える「ブライトカラー」と反対の「ダークカラー」の明暗の差やバランスが、庭の印象に強い影響を与えているらしいのです。たとえば、明るい昼間、夕暮れどき、月明かりの夜間など、時刻を変えて同じ庭を眺めると、カラーリーフを効果的に使った庭のほうが、より美しいと感じます。

また、夏の強い日射しの下で見る花壇は、日の当たっている部分は白っぽく、陰になる部分は黒っぽく見えるものの、全体として色あせたのっぺりとした印象を受けます。従来、私は夏に少なくなる花を補うためにカラーリーフを加える、と説明していましたが、ブライトカラーやダークカラーの明度差を意識するようにと説明するほうが、ガーデンデザインに活かしやすいということに気づいたのです。

元画像

明度強調（真夏の強光線下のイメージ）

モノトーン（夜間のイメージ）

白黒2階調（ブライトカラーとダークカラー）

カラーリーフの庭を写真解析

これまで「色」で区別されていたカラーリーフを「明るさ」の差で評価し直すため、写真を使って検証してみましょう。

ここに挙げる写真は、見ごろを迎えた初夏のカラーリーフの植栽です。明るい葉色のギボウシやセイヨウナツユキソウ、カンスゲ、プルモナリアなどに対し、暗い色調のシダレモミジやリシマキア、アメリカハナズオウが陰影を深め、カラーリーフならではの立体感や奥行きを感じさせる植栽です。

これを元に、画像処理で明るくしたり、白黒画像に変換してみると、明暗が強調・単純化されて植物の特徴が浮かび上がってくるのが判るでしょうか。テクスチュアやフォルムの違いも、色に惑わされないためか、よりはっきりと見えてきます。

明るさでカラーリーフをグループ化

実際にカラーリーフを明るさでグループ化すると、圧倒的にブライトカラーに入る種類（品種）が多くなりました。そこで本書では、明るく華やかな印象を受けるゴールド系のカラーリーフと、落ち着いた雰囲気となるシルバー系を分け、①ゴールド、イエロー、ホワイト（斑入り含む）系のブライトカラー、②シルバー、グレー、ブルー系のブライトカラー、③ブロンズ、レッド、ブラック系のダークカラーの3グループにまとめてみました。

もちろん、明るさだけで比べると緑葉との差があまりないカラーリーフはたくさんありますが、その場合は葉色で判断し、どれかのグループにふり分けるようにしています。

春のブライトカラーの植栽。黄色い花にメギやキイチゴ、アメリカテマリシモツケ、ギボウシなどの黄金葉が調和する

樹木のブライトカラー植栽。サワラやヒマラヤスギ、反対側にはアベリアの黄金葉など。ニューサイランとベニバスモモはアクセント

アオキやキイチゴの仲間を背景に、コリウスの葉色がひときわ冴える。縁石沿いのイポメアが隙間を埋めていくゴールドカラーの夏花壇

■ 明るく温かい色彩のブライトカラー

ブライトカラーの役割

　周囲の緑より明るく見えるブライトカラーは、種類も多くて入手しやすい代表的なカラーリーフです。明るい色彩の中でも、温かみのあるゴールド系（ライム、イエロー、ゴールドなど）と、涼しげなシルバー系（ブルー、グレー、シルバーなど）があります。どちらも基本的には華やかな印象となりますが、とくにゴールド系にその傾向が強く現れます。

　斑入り植物も明るい色彩の種類が多く、黄斑は明るく華やかさを、白斑は清涼感があって爽やかな印象をもたらします。ここではブライトカラーに含めています。ガーデンに利用する斑入り植物は、はっきりとした斑の入る種類がおすすめです。

ゴールド＆ホワイトリーフ

　ゴールド系は植栽を華やかに際立たせる効果が高いカラーリーフです。流通量は多く、丈夫な種類も少なくありません。ただ、肥料切れなどで衰弱したように見えることもあるので、こうした誤解を避けるためには、できるだけ色のはっきりとした、元気よく見える種類を必ず組み入れることが大事です。反対色のパープル系の花やブロンズリーフを少量加えるだけで、見違えるように引き立つ場合もあります。

　一方、ホワイト系の斑入り植物は軽やかな雰囲気がありますが、たくさん使うと軽薄で雑然として見えるので、使い過ぎないようにしましょう。なかには強い日射しで斑が焼けやすい種類もあるので、注意が必要です。

ケイトウとイポメアのダークカラーリーフと、プレクトランサスとセネキオのブライトカラーリーフのモノクロム花壇

同系色でも形や質感が違うと面白い。コンテナのカレープランツとアイビーのつるに足元に繁るヘリクリサム

白いカラジュームやシルバーカラーのグラス類をダークカラーのコリウスが引き立てる

ロングウッドガーデンにあるシルバーガーデン。冬に氷点下の気温が続くこの地では、ガラス室内に造られている

シルバーリーフ

　クールで静かなイメージのシルバーリーフは、ブライトカラーとはいえ落ち着いた雰囲気を持っています。一口にシルバーといっても、輝くような雪白色から青味がかったブルーグレイまで、明るさや色のトーンに幅があります。

　アメリカのロングウッドガーデンには、さまざまなシルバーリーフで構成する「シルバーガーデン」があり、荘厳ともいえる雰囲気の漂う人気のコーナーとなっています。

　基本的にどんな色彩と組み合わせても馴染みやすく、原色どうしの組み合わせにシルバーリーフを加えると不思議と違和感がなくなります。シルバーリーフは金属やアンティークレンガなどと相性がよく、シックな雰囲気を演出するには最高の素材です。

　種類によっては蒸れに弱いものや、直接雨に打たれるとせっかくの葉色が薄れていくものなどがあるので、それぞれの性質に合った扱いが必要です。

ダークカラーのコンテナ。赤いコリウスをメインにアルテルナンテラ'クリムゾンソバージュ'と白花のダリアで陰影を強調する

ブラックカラーのヒューケラをシルバーのシロタエギク'シラス'やローダンセマムなどの白い小花が囲む

暗い色彩のダークカラー

ダークカラーの役割

　色彩の濃い順に、ブラック、ブロンズ、ブラウン、レッドと変化し、明るくなるとオレンジからイエローにつながっていきます。

　基本的には、陰影を強調して奥行き感を生み出す効果の高いカラーです。色が濃いほどコントラストが強く主役を引き立てます。シルバー系カラーリーフや白花と組み合わせれば高級感も生まれます。

　ただし、気温の影響を受けやすい色で、温度が高いほど色褪せしやすい傾向があります。たとえば、夏も涼しいヨーロッパでは、ヨーロッパブナ'アトロプルプレア'の紫黒色は印象に残りますが、日本の平地では春先から初夏に深い色を見せるだけで、夏はほぼ緑葉に変わってしまいます。

　ところが種類によっては、夏に向かって逆に色が濃くなる場合もあります。たとえば鳥葉ネムノキやオオバジャノヒゲ'黒竜'などは、新芽は緑がかっていますが、次第に本来の色彩に変わります。熱帯性のカラーリーフも同様の傾向はありますが、熱帯夜が続く真夏よりも、夜温が25℃を下回る日が訪れる秋口のほうが深みのある色を見せてくれます。

真夏も色褪せないイポメア'エースオブスペード'とセネキオ・レウコスタキスの組み合わせ。フォルムの違いにも注目

くるぶし程度の丈はグラウンドカバーに最適。リシマキア2種。上はコンゲスティフェラ、下はヌンムラリア

ひざ丈程度のカラーリーフの存在感は抜群。ボリュームのある黄金葉のトラデスカンチアと白外斑のシマススキ

明度と高さの組み合わせで素敵な庭を演出する

高さの果たす役割を考える

　立体感のある庭づくりのテクニックに「背の高い植物と低い植物を組み合わせ、カラーリーフを使って影を強調して奥行き感を出す」というのがあります。ここに「縦のラインを強調する植物（たとえばニューサイランや大型のグラスの仲間など）」を加えると、狭くてもボリューム感のある庭になるわけですが、いずれにしても、それぞれの植物本来のスケールを掴んでいないと上手くいきません。

　本書では感覚的に理解しやすいよう、①くるぶし程度、②ひざ丈程度、③胸丈程度、④背丈以上、⑤つる植物の5つに分けました。

くるぶし程度

　グラウンドカバーや下草、花壇草花では最も流通量の多いサイズです。

　通常花壇の手前に植える場合が多いのですが、階段や飛び石の脇などに植えて、無機質なレンガや石材の硬い印象を和らげる役割も果たします。重宝なグループですが、種類によっては広がり過ぎてほかの植物を圧倒することもあるので、ときどき間引いてコントロールする必要があります。

ひざ丈程度

　ある程度のボリューム感もあって、コンテナや花壇に混植して立体感を出すのにちょうどいいサイズです。コンテナを例に取ると、直径の2倍から3倍の高さがある植物を植え込むと、存在感のある立派な印象となります。コニファーや常緑樹を中心に植え、周囲に草花苗を植えたコンテナなどはその典型です

　筆者は30年ほど昔、ニュージーランド産のブロンズカラーのカレックスの実生苗を、枯れた草と勘違いされた苦い経験がありますが、グラスの仲間もこのくらいのサイズがあると、存在感があって雑草に間違えられることはありません。

胸丈程度のものは植栽の主役にも使われる。剣状の葉が扇のように
ついて独特の雰囲気があるニューサイラン

背丈以上のノムラカエデ。広げた枝につける赤い葉は、存在感があっ
て庭のよいアクセントとなる

胸丈程度

　庭の背景や目隠し用に植えることの多いサイズです。わざと手前や園路の曲がる部分に植えて、隠れた向こう側を意識させ、実際以上の奥行きや広さを印象づける効果もあります。縦のラインを強調する大型のグラスや、丸く刈り込んだ常緑樹など、庭のイメージを決定づける役割もこのサイズが中心となります。

　ところが、コンテナなどの植え込みは得意でも、このくらいのサイズになると尻込みしてしまう方がいます。植えつけ時には完成形ではない苗を植えるので、どのように育っていくかがイメージできないのが理由のようです。でも心配はいりません。無理につめこむような寄せ植え状態を避けて、ゆとりを持った植えつけ間隔に心がければ、あとは植物自身が収まりのよいように育っていくものです。

背丈以上＆つる植物

　遠くから眺めてシンボルとして機能したり、隣家の2階などからの視線を遮断する効果のあるサイズです。また、室内から眺めたときに、上方向の空間を制限して額縁的な役割を果たすこともあり、かえって奥行きや空の高さを印象づけます。

　最近は少なくなりましたが、パーゴラにつる植物を這わせて緑のカーテン代わりにしたり、庭にスペースがない場合は壁やフェンスなどにつる植物を絡ませて、大きなスクリーンとして代用するのもひとつのアイデアです。基本的に生長して完成した姿になるまで数年から十年以上かかる場合があるので、将来の姿を想像しながら手入れしていく楽しみもあります。

取り合わせる明度の目安はブライトカラー2にダークカラー1。ブロンズのダリアがメインの植栽

広い場所の植栽は丈高いものがあると広さが強調される。カラジュームとコリウスの中から伸びる紫葉のクリナム

ダークカラーのコントラスト。強すぎるコントラストを赤褐色のイポメアでなじませる

明度と高さの組み合わせ方

明暗の比率

カラーリーフの組み合わせは、それこそ自由で決まりがあるわけではありません。あえて目安を挙げるとすれば、ブライトカラー2に対し、ダークカラー1の比率でしょうか。そしてカラーリーフの総量は全体の半分以内、というのが無難なところかもしれません。ブライトカラーにゴールド系、シルバー系どちらを選ぶかは、主役の花が決まっていればそれに合わせます。

たとえばピンクの花がメインの場合、ブライトカラーの中からピンクとの相性のよいシルバー系を2、ダークカラーの中からブロンズ系を1、という具合です。

ただ、これはあくまでも目安で、周囲の壁や園路などの色調や質感との調和、バランスによっては、カラーリーフの量を加減する場合もあります。もっと特殊な効果を狙いたい（たとえばわが家でレッドボーダーをつくってみたいなど）場合はこの限りではありません。

明暗の微調整

隣り合わせになるブライトカラーとダークカラーの明度差が大きすぎる場合、とくにゴールド系とダークカラーのコントラストが強すぎると、嫌味な印象になることがあります。こういう時は、コントラストを抑えたぼやけ気味の色を補えば解消できます。

草丈の組み合わせ

広い面積の植栽は、高さのある植物を少し加えると、より広さを印象づけることができます。平面的な広がりにところどころ背の高い植物を配置することで、遠近がわかりやすくなり、広がりを感じるのです。また、狭い場所で立体感を演出する場合も、高さのある植物は欠かせません。

高さの違う植物を組み合わせるときも、隣に来る色との明るさの差を意識することがポイントです。差が少ないと印象が弱く、逆に違いすぎると違和感を感じます。なるべくフォルム、テクスチュアの違うものを組み合わせ、コントラストが強いようならシルバーリーフや中間の明るさのものを追加するなど工夫してみましょう。

フォルムの異なるシルバーカラーの同系色。ディコンドラとクリスタルグラス

フォルムとテクスチュアの類似。シルバーのサントリナとゴールドのサワラ'ゴールデンモップ'、右下は花の咲いたセダム

黄（サワラ、モッコク）と赤（メギ、ニューサイラン）の強烈なコントラストも、フォルムやテクスチュアで調和させる

色の類似と質感の対比。ダークカラーのイポメアとヘミグラフィス'エキゾチカ'

 ## カラー、フォルムと
テクスチュアを使いこなす

　たくさんの美しい植物を目にすると、だれでも無限の可能性に目移りするものです。そんな時はまず、基本に立ち返ってみましょう。

①カラー　メインとなる花、もしくはカラーリーフを最初に決めます。色は好みですが、周りの色彩（自宅や隣家の建物、塀や園路など変更できない部分）との相性も考えてテーマカラーを決めるとよいでしょう。本書で提案するようにカラーリーフの明暗だけで組み合わせを決めても大丈夫。慣れてきたら同系色でまとめたり、補色（反対色）を2～3割加えたりして、テーマカラーを印象づけるテクニックを磨きましょう。

②フォルム　花や葉の形（シェイプ）、株全体の姿（シルエット）などをひっくるめて本書ではフォルムとして扱います。丸い形と尖った形、上に伸びるか垂れ下がるか、いろいろなタイプをバランスよく配するのが理想です。大きさや形のさまざまなフォルムを、すくなくとも3つ以上の違ったタイプを組み合わせましょう。同一種類の色違いも面白い効果があります。どちらかというとコレクション的な性格が強いので、マニアックな方におすす

フォルムの類似と色彩のコントラスト。葉色の豊富なヒューケラの品種群

めです。

③テクスチュア　普段、あまり気に留めることはないかも知れませんが、私たちの周りにはさまざまな質感のもので溢れています。

　植物の組み合わせでは、柔らかい印象の隣には硬い印象のものを持ってくるというように、メリハリをつけるのが基本です。カラーリーフの同系色を複数使う場合はとくにテクスチュアにはこだわりましょう。

　意外と見落としがちなのはマットな質感と光沢の強いグロスな質感のコントラスト。上手く使うとシックでお洒落な効果が生れます。

椅子に置いた下駄ばき効果で眺める位置を工夫したヒューケラ。足元に広がるラミウムが落ち着いた雰囲気をかもし出す

多肉植物を植えた平たい石鉢を石の上に置いた下駄ばき効果。石組みとの絶妙なバランスが決め手となるシーン

コニファー越しに見るギボウシなどのシェードガーデン。額縁効果で格調が高く感じられる

白を基調とするホワイトガーデン。ベニバスモモと石畳の額縁効果で、より上質な空間に変貌する。

眺める位置と距離

　意外と見落しがちなのが、視点からの距離と方向です。どこから眺めるかという視線の位置や高さ、あるいは視界の広がり具合は、植栽の見え方に強く影響します。

　たとえば、段差のある敷地で下から見上げる場合や、細長い境界に沿って園路が続く場合、あるいは高台の上でいろいろなものが目に映る場合など、それぞれの条件では同じようなデザインは通用しません。下から見上げる場合は目前の法面を覆う植物、境界線には視線を奥に誘導する胸丈ほどの植物、高台では空間を切り取るためのパーゴラに合うつる植物など、押さえておくべき大事なポイントがあるのです。

　植栽の現場では、視界を制限して不快なものを隠すことで、本当に見せたいものが際立ってくる場合も少なくありません。

下駄ばき効果と額縁効果

　手のひらサイズのカラーリーフを背の高いコンテナに植えるとか、台の上に置いたりすると立派に見えることがあります。寄せ植えよりも単独で植えるほうが、かえって植物本来の美しさを感じる場合も少なくありません。いわば「下駄ばき」させるわけですが、普段足もとで見ている植物を近くで見ると印象が変わる効果を狙うのです。もちろん、珍しい種類であるに越したことはありませんが、きちんと管理された健康な植物であることが一番です。

　また、庭を眺める視点がほぼ決まっている場合、その場所からの眺めに、あえて額縁となるような枝ぶりの樹木を用意することで、見慣れたはずの景色が格調高く変わることがあります。そのほか、庭の花壇を古びたレンガで囲えばアンティーク調、枕木を使えばナチュラルな雰囲気といった具合に変わりますし、グラウンドカバーを効果的に使うことでも庭の雰囲気が一変します。

　こうした「額縁効果」もテクニックのひとつとして覚えておくとよいでしょう。

Part 3

高さ順に見る 一温かく馴染みのある葉色

ブライトカラーのゴールド&ホワイトリーフ図鑑

黄斑のフウチソウと白斑のギボウシ

イポメア

サツマイモ

Ipomea batatas

ヒルガオ科

葉　色：

草　丈：7〜15cm・つる

日　照：☀

耐寒性：❄❄❄

葉の観賞期間：5〜10月

植えつけ時期：5〜7月

　野菜として栽培されるサツマイモの観賞用品種。葉色は黄色のほか、赤茶色、黒褐色、ピンクを帯びた白斑などがある。ハート形の葉や深く切れ込んだモミジ葉など、バリエーションの豊富さで利用価値が高い。暑さに強く、温度と水と肥料が充分であれば旺盛に生育し、短期間に広い面積を覆うことができるため、夏花壇や寄せ植え、ハンギングバスケットなどに重宝する。ただ、白斑品種だけは過湿や強光に弱いので注

意。伸びすぎた茎は適宜切り戻す。

　なお、越冬用の芋の貯蔵は難しい。夏の間にビニルポットなどに挿し芽して予備苗をつくっておき、晩秋にポットごと乾燥させて15℃以上の室内で越冬させる。翌春5月ごろに芽が出てから植えつけるとよい。比較的コンパクトにまとまるスイートキャロラインシリーズ、伸長旺盛なテラスシリーズなどが流通する。

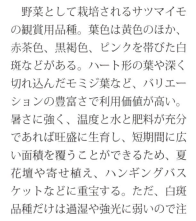

切れ込んだ葉形が人気の'スイートキャロライン・ライトグリーン'（上左）と'ブロンズ'（下）、明るい葉色の'テラス・ライム'（上右）

エゴポディウム

イワミツバ

Aegopodium podagraria

セリ科

葉　色：

草　丈：5〜15cm

日　照：⛅🌑

耐寒性：❄❄

葉の観賞期間：4〜11月

植えつけ時期：3〜4月、10月

　地下茎を伸ばして殖え広がる。初夏に目立たない白花を咲かせる。葉が白覆輪の品種'バリエガタ'がグラウンドカバーに利用される。

　やや湿った水はけのよい肥沃な場所を好むが、基本的には丈夫でほとんど手がかからない。ときおり斑のない株が現われるが、放っておくと優勢になり斑入りの株が弱るので、見つけ次第抜き捨てること。

6月に白い小花が傘状に咲く

カルーナ

Calluna vulgaris

ツツジ科

葉　色：

樹　高：10〜20cm

日　照：☀

耐寒性：❄❄

葉の観賞期間：1〜12月

植えつけ時期：3〜4月、10月

　ヨーロッパ北部の荒れ地に生える低木のひとつで、針金状の細い茎にウロコのような短い葉を密につける。針葉樹のように見えるがエリカに近縁なツツジの仲間で、早春にピンクや白の小花を咲かせる。園芸品種は1000を超えるといわれ、大別すると花を楽しむ種類と紅葉など葉を楽しむ種類がある。

　寒冷地が原産なので、寒さには強いが蒸し暑さには弱く、暖地では数年で弱って枯れてしまうことが多い。酸性土壌を好み停滞水を嫌うので、植えつけ場所にはピートモスや鹿沼土を混ぜると生育がよい。

黄金葉は冬に紅葉する

キイチゴの仲間

Rubus

バラ科
葉　色：🌱🍃
草　丈：5〜100cm・つる
日　照：☀️🌤️⛅
耐寒性：❄️❄️
葉の観賞期間：4〜11月
植えつけ時期：3〜4月、10〜12月

　キイチゴの仲間は種類が多く、ブラックベリー、ラズベリーなど家庭果樹にされるものもある。カラーリーフとしては小型の匍匐性の種類が扱いやすい。'サンシャインスプレンダー'はナワシロイチゴの黄金葉品種で、地面を覆うように広がり、ところどころ根を下ろして殖える。'クラシックホワイト'はフユイチゴ系で、ごわごわした質感の丸みを帯びた葉をつける。'ゴールデンベイル'は丈が高くて1m前後に育ち、真っ白な茎と軽やかな黄金葉の対比が美しいが、刺が多いので通路ぎわには植えないほうがよい。

　いずれの品種も丈夫で土質は選ばないが、日射しが強いと夏に葉焼けすることもあり、半日陰のほうが葉色は安定する。冷涼な地域では砂利引きの駐車場のような悪条件下でもよく育つ。春に白い2cmほどの花を咲かせる。

匍匐性の'サンシャインスプレンダー'（上左）と木立ち性の'ゴールデンベイル'（上右）。下は'クラシックホワイト'

セダムの仲間

マンネングサ

Sedum

ベンケイソウ科
葉　色：🟡🟠🟤🟢
草　丈：5〜20cm
日　照：☀️🌤️⛅
耐寒性：❄️❄️
葉の観賞期間：4〜11月
植えつけ時期：3〜5月、9〜10月

　多肉質の葉を持ち、乾燥に強くわずかな土でも生育する植物で、野生種だけで400種類以上ある大家族。熱帯から寒帯にかけて広く分布し、マルバマンネングサやオノマンネングサなど日本にも数種類が自生する。園芸的には、暑さ寒さに強い丈夫な種類がグラウンドカバーや屋上緑化などに利用される。いっぽう'虹の玉'や'オーロラ'、'玉つづり'など、多肉植物として人気のある種類は、極端な寒さには耐えられないので冬は軒先や室内で越冬させる。

　繁殖はきわめて容易で、1枚の葉からでも再生するほど生命力は強い。一般的には2〜3cmに短く切った茎を挿して殖やす。乾燥に強い反面、過湿状態が長く続くと根腐れや蒸れで枯れる（腐る）ので注意。春に花茎を伸ばし、先端に黄色や白の星形の花を咲かせる。

黄金葉の'ゴールドビューティー'（上左）と黄金マルバマンネングサ（上右）。下はアルブムの花と覆輪マルバマンネングサ

セリ

Oenanthe javanica

セリ科
葉　色：🌿
草　丈：5〜10cm
日　照：🌤
耐寒性：❄❄
葉の観賞期間：3〜11月
植えつけ時期：3〜4月、10月

春の七草として有名なセリには斑入り品種‘フラミンゴ’があって、普段は明るい緑葉に白覆輪だが寒い時期は斑がピンク色がかって美しい。葉は2回羽状複葉で初夏に花茎を伸ばし、小さな白花を咲かせる。

本来、土壌水分の多い場所や水辺の浅瀬に生育する湿地性植物だが、乾燥に気をつければ花壇やコンテナ栽培も可能である。夏の強い日射しは好まない。秋に旺盛にランナーを伸ばして広がるので、殖えすぎるようなら適宜切り戻す。

冬はピンクに色づく‘フラミンゴ’

ティアレラ

Tiarella

ユキノシタ科
葉　色：🌿🍃
草　丈：20〜30cm
日　照：☀🌤
耐寒性：❄❄
葉の観賞期間：1〜12月
植えつけ時期：3月、10〜11月

丈夫な宿根草で、やや湿り気のある半日陰を好むが夏以外は日当たりでもよく育つ。日陰に植えても姿が乱れにくく、シェードガーデンに重宝する。ヒューケラ（ツボサンゴ）に近い種類で、株はひと回り小さくコンパクトにまとまる。

近縁のヒューケラが灰褐色や赤銅色の葉色を持つ品種があるのに対し、ティアレラは明るいライムグリーンが基本。葉の切れ込みの深い品種が多く、中にはヒトデのような星形の葉を持つものもある。春に咲く花はヒューケラより密につくのでボリューム感がある。

‘スプリングシンフォニー’

ツルマサキ

Euonymus fortunei

ニシキギ科
葉　色：🌿🍃
樹　高：10〜50cm・つる
日　照：☀🌤
耐寒性：❄❄
葉の観賞期間：1〜12月
植えつけ時期：3〜4月、10月

もともと日本の山野にも自生する植物なので栽培は容易。土質はあまり選ばないが、極端な乾燥地では生育が悪い。日向から日陰まで幅広く適応する。

多く流通するのは白覆輪の‘エメラルドガエティ’と黄覆輪の‘エメラルドゴールド’で、どちらも若木のうちは2〜3cmの小さめの葉だが、成熟すると大きくなる。そのほかにも斑の入り方や葉の大きさ、樹形などで多くの品種があるが、あまり区別されずに流通している。

葉全体に白い散り斑の入る‘ハーレクイン’、日陰でもあまりつるが伸びずに枝分かれが多い‘サンシャイン’、1cm足らずの小さな葉で小鉢植えにも向く‘ミクロフィラ’などのほか、ブロック塀などに張りついてよじ登る壁面緑化に向く品種などもあり、用途に応じて使い分けたい園芸植物のひとつである。

黄金葉の‘エメラルドゴールド’（上左）と白覆輪の‘エメラルドガエティ’（上右）。下は冬に薄く赤く色づく‘サンシャイン’

ブライトカラーのゴールド＆ホワイトリーフ図鑑

ニシキザサ

Oplismenus hirtellus 'Variegatus'

イネ科
葉　色：
草　丈：10〜15cm
日　照：
耐寒性：
葉の観賞期間：4〜10月
植えつけ時期：4〜6月

日本の山野に自生するチヂミザサの仲間で、ピンクを帯びた涼しげな白斑と、適度に枝分かれしてこんもりと茂るのが持ち味。夏の間、温度と適度な水分があれば丈夫で生育が早く、節から根を出して広がっていく。

植え込みの縁や、コンテナの隙間を埋めるのに重宝する。単独で鉢に植えて楽しむのもよい。ただ、真夏の西日は苦手で、ひどく乾燥させたり肥料切れにすると葉色が悪くなるが、追肥して切り戻しておけば半月ほどで回復してくる。屋外では冬に枯れてしまうので、秋のはじめに数本ずつまとめて挿し、室内越冬用の小苗をつくっておく。

吊り鉢仕立てにされることが多い

バーベナ・テネラ

Verbena tenera

クマツヅラ科
葉　色：
草　丈：5〜10cm
日　照：
耐寒性：
葉の観賞期間：5〜11月
植えつけ時期：4〜5月、9月

日当たりと水はけのよい土を好み、風通しが悪いと蒸れやすいので寄せ植えの縁などに使うのがよい。春から秋まで白い小花を咲かせるが、花つきはややまばら。真夏は葉焼けするので、半日陰か午後は日陰になる場所がよい。放置すると株元の葉が枯れ上がり、みすぼらしくなるので適宜切り戻す。

殖やすには挿し芽、もしくは茎の途中から発根している部分で株分けする。冬は軽く切り戻して軒下などで越冬させるが、寒冷地では室内に取り込む。

花は春から秋まで長く咲き続ける

ヒメツルニチニチソウ

Vinca minor

キョウチクトウ科
葉　色：
草　丈：5〜10cm
日　照：
耐寒性：
葉の観賞期間：1〜12月
植えつけ時期：3〜5月、9〜10月

つる状に伸びる茎に硬い葉をつける。黄中斑の'イルミネーション'は冬季オレンジ色を帯びて美しい。ほかにも白覆輪や黄覆輪など、いくつも斑入り品種があっていずれも丈夫で育てやすい。

半日陰から日向まで利用価値が高く、同じ仲間のツルニチニチソウほど伸びすぎることもないので、初心者にも扱いやすい。適湿地を好み、乾燥にも耐えるがひどく乾く土地では生育が悪くなる。花は春に咲き、青のほか白や赤紫などがある。

黄中斑品種'イルミネーション'

ヘリオトロープ
キダチルリソウ

Heliotropium arborescens

ムラサキ科
葉　色：
草　丈：10〜25cm
日　照：
耐寒性：
葉の観賞期間：4〜11月
植えつけ時期：4〜5月、9月

香水の材料として有名な花で、春から秋にかけて甘い香りの紫花を咲かせる。黄金葉の'オーレウム'は一般の品種とは異なり、白花で茎があまり立ち上がらず横に広がるように生育する。コンテナの縁から垂れ下がり気味に育てるのも趣がある。

日当たりと水はけのよい土を好み、風通しが悪いと蒸れやすい。夏は葉焼けするので半日陰のほうが美しく育つ。放置すると株元の葉が枯れ上がるので適宜切り戻す。殖やすには挿し芽がよい。冬は軽く切り戻して軒下などで越冬させる。寒冷地は室内に取り込む。

黄金葉品種'オーレウム'

ヤブランの仲間

Liriope

キジカクシ科
葉　色：🟢🟢🟡
草　丈：20〜30cm
日　照：🌤
耐寒性：❄❄❄
葉の観賞期間：1〜12月
植えつけ時期：3〜4月、9〜10月

　黄斑の'縞斑ヤブラン'は強健で、夏の照り返しにも耐えるため、市街地の中央分離帯などにも植えられる。白斑品種では'スイショウラン'などは寒さに強いが、'ミスキャンタス'の名で流通する大型直立性の品種は寒さで葉が傷みやすい。北風の当たらない場所に植えるか寒冷地では室内に取り込むほうがよい。

　いずれも半日陰の適湿地では美しく育つ。ヤブランは年々芽数が殖えて株立ちになるのに対し、より小型のヒメヤブランは長く地下茎を伸ばして殖え広がっていく。

　花は明るい紫色で、夏の終わりから秋にかけて咲く。ほかに白、水色、薄桃など花色違いの品種もある。手入れとしては、秋に咲き終わった花穂を切り取る程度でとくに必要ないが、枯れ葉や傷んだ古葉が目立ってきたら、春に新芽が伸びる前に古葉を刈り取ると夏までに茂る。

もっとも普及している縞斑ヤブラン（上左）と白斑が鮮やかなスイショウラン（上右）。下はヒメヤブランの黄金葉

リシマキア

Lysimachia

サクラソウ科
葉　色：🟢🟤🟡
草　丈：5〜15cm
日　照：🌤
耐寒性：❄❄
葉の観賞期間：4〜11月
植えつけ時期：3〜5月、9月

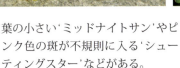

　リシマキアの仲間には地面を這う矮性種と、直立する高性種があり、近年は矮性種のバラエティが増えて園芸的に見直されるようになった。

　ヌンムラリア'オーレア'は艶のある黄金葉で、狭い場所のグラウンドカバーに向く。コンゲスティフロラ種は品種がいくつかあって、コンテナの縁に植えて枝を垂らしたり、庭の下草に使いやすい。黄覆輪タイプの'リッシー'（'サンセットゴールド'）とその黄金葉の枝変わり、暗褐色で葉の小さい'ミッドナイトサン'やピンク色の斑が不規則に入る'シューティングスター'などがある。

　いずれもやや湿った土地を好み、半日程度は日が当たる場所がよい。乾燥すると葉が傷み、高温が重なると下葉が枯れ上がる。とくに黄色葉系の品種にその傾向があるので、真夏の直射光は避けること。春には濃黄色の花を枝先につける。

ヌンムラリアの黄金葉'オーレア'（上左）。コンゲスティフロラの斑入り葉'リッシー'（上右）とその枝変わりの黄金葉品種（下）

ラミウム
Lamium

シソ科
葉　色：🍋🍋🍋
草　丈：10〜15cm
日　照：⛅
耐寒性：❄❄
葉の観賞期間：1〜12月
植えつけ時期：3〜6月、10〜11月

三角形の葉に灰白色の紋様があり、品種によって紋様の広がり方が異なる。やや湿った水はけのよい半日陰を好むが、秋から春にかけては日当たりがよいほうが締まった姿になる。

葉全体が銀灰色に見えるもの、黄色い斑が不規則に入るもの、黄金葉に灰白の紋様の入るものなどバラエティ豊富。また花色も赤紫の基本色のほか白花も桃花もある。それらはいずれもマクラツム種の品種で、小面積の花壇や寄せ植え、ロックガーデン風の植え込みに向く。近縁のガレオブドロン種は黄花の大型強健種で広い場所のグラウンドカバーによい。

人気品種 'ビーコンシルバー'

アガパンサス
ムラサキクンシラン
Agapanthus

ヒガンバナ科
葉　色：🍃
草　丈：20〜50cm
日　照：☀⛅
耐寒性：❄❄
葉の観賞期間：4〜10月
植えつけ時期：3〜4月

アフリカ南部原産の多年草で地下に太い根茎があり、リボン状の葉を茂らせる。温暖で半日以上の日が当たる水はけのよい適湿地を好むが、ある程度の日陰や乾燥にも耐える。

斑入り品種は緑葉種より花つきは少ないが、葉を楽しむものなので、かえって半日陰での植栽には向いている。夏の西日と乾燥は葉焼けの原因となる。寒地では冬に盛り土などで防寒をするとよい。葉幅が広く大型の'バリエガタ'や葉幅が1cm程度と小型の'ピーターパン'などいくつかが流通する。

葉幅の広い白外斑の'バリエガタ'

アベリア
ハナツクバネウツギ
Abelia × grandiflora

スイカズラ科
葉　色：🍋🍃🍃
樹　高：30〜150cm
日　照：☀⛅
耐寒性：❄❄
葉の観賞期間：1〜12月
植えつけ時期：3〜4月、10月

地際から多数の枝を出して茂る小灌木。丈夫で土質を選ばず、日向から半日陰まで植えられる。刈り込めばどこからでも芽を吹き、好みの大きさに仕立てられるので、公園樹、街路樹などにも多用される。緑葉種は放置すると1.5m以上になるが、斑入り品種は小ぶりで生育も遅く、半分以下の大きさである。

'フランシスメイソン'は大型種で、芽吹き時に全体がオレンジまたはゴールドでのちに明るいライムグリーンに変わる。小型品種としては、白覆輪には'コンフェティ'など、黄覆輪には'ホプレイズ'や'ジャックポット'、'カレイドスコープ'などがある。これらの斑入り品種は冬に赤みが増し、ピンクやオレンジがかった複雑な色合いを見せる。

黄覆輪の代表品種'ホプレイズ'（上左）と白覆輪の'コンフェッティ'（上右）。下は芽吹きが美しい'フランシスメイソン'

アマドコロ
Polygonatum odoratum

キジカクシ科
葉　色：
草　丈：20〜50cm
日　照：
耐寒性：
葉の観賞期間：4〜10月
植えつけ時期：3〜4月、10〜11月

斑入り葉が美しく「ナルコユリ」の名称で切り花などに使われるが本来のナルコユリは別種。あまり乾燥しない半日陰から日陰地で育つ宿根草で、耐寒性は強く年々大株になる。乾燥地では草丈があまり伸びず、生育も悪い。日射しの強い場所では夏に斑の部分が焼けることもあるが、本来丈夫な性質なので枯れることはない。寒冷地では日向でもよく育つ。

白斑品種の‘萱場錦’は従来の斑入りより斑の部分が多く、とくに芽出しから初夏にかけては鮮やかな白さが目を引く。

美しい白斑の人気品種‘萱場錦’

イスメネ
ヒメノカリス　スパイダーリリー
Hymenocallis littoralis

ヒガンバナ科
葉　色：
草　丈：30〜60cm
日　照：
耐寒性：
葉の観賞期間：6〜11月
植えつけ時期：5〜6月

幅広の葉は肉厚で立ち上がり、クリーム色の斑と緑のコントラストが鮮やか。南米原産の球根植物で耐寒性はあまりないが、夏の陽射しに強くコンテナや花壇材料として利用できる。

高温期はたいへん水を好み、水生植物としての利用も面白い。鉢植えにして鉢の1/4程度水中に沈めると驚くほど大きくなり、夏から初秋にかけて白花を咲かせる。翌年も楽しむには、晩秋に掘り上げて葉を切り落とし、土つきのまま乾燥させて室内で保存する。翌春、フジの花が咲き終わるころに小鉢に植え直し、少しずつ灌水すると新しい芽と根を出す。

白いクモのような花が夏に咲く

イリス・パリダ
Iris pallida

アヤメ科
葉　色：
草　丈：20〜60cm
日　照：
耐寒性：
葉の観賞期間：5〜10月
植えつけ時期：3月、9〜10月

ジャーマンアイリスのもとになった原種のひとつで、根茎から香料を採る目的で古くから栽培された。本種はその斑入りで、白斑の‘バリエガタ’と黄斑の‘オーレオバリエガタ’がある。両者はよく似ており、斑色の違いは春先には明確だが、夏以降は見分けにくい。

日当りと水はけのよい砂質壌土を好む。半日陰程度なら育つが、花つきは悪くなる。3年以上連作すると株が弱ってくるので、花後か秋のはじめに株分けを兼ねて新しい場所に植え替えるとよい。

黄斑の‘オーレオバリエガタ’

カリオプテリス
Caryopteris clandonensis

シソ科
葉　色：
草　丈：50〜90cm
日　照：
耐寒性：
葉の観賞期間：5〜11月
植えつけ時期：4〜5月

ダンギクの仲間で、ハナシキブと呼ばれることもある。‘サマーソルベット’は黄覆輪、‘ウォーセスターゴールド’は全体が黄金色に色づく園芸品種で、初夏から秋にかけて、伸びた枝の葉腋に淡青色の小花をかたまって咲かせる。色づいた葉だけを楽しむのなら、刈り込んで仕立てるのもよい。

日当たりを好み、乾燥には強いが植えつけ当初の根張りが不充分なうちはデリケート。乾かし過ぎると枯れてしまうので注意する。冬は落葉するので、株の1/5ほど残して切り戻す。

黄覆輪品種‘サマーソルベット’

カラジューム

ニシキイモ

Caladium bicolor

サトイモ科

葉　色： 🔴🟢🔴

草　丈：25〜40cm

日　照：☀️🌤️🌥️

耐寒性：〰️〰️〰️

葉の観賞期間：6〜10月

植えつけ時期：6〜7月

南米原産の球根植物。以前は日陰の観葉植物として鉢植え栽培されたが、夏の花壇材料での利用も増えている。高温を好み、花壇への植えつけは6月になってから。植えつけた直後は、環境の違いで葉焼けすることもあるが、新しく出る葉は丈夫なものに変わるので心配ない。

肉厚の葉を次々と広げて旺盛に育ち、少々の雨でも姿が乱れない。ただし乾燥は禁物なので、充分灌水すること。夏の乾燥期は株元にマルチングをするとよい。翌年も楽しむには、秋まだ葉が残っているうちに掘り上げ、土を落とさずに乾して暖かい室内で保存する。

涼しげな葉色の 'キャンディダム'

カンスゲの仲間

カレックス

Carex

カヤツリグサ科

葉　色：🟢🟡🟡

草　丈：20〜50cm

日　照：🌤️🌥️

耐寒性：〰️〰️

葉の観賞期間：1〜12月

植えつけ時期：3〜5月、9〜10月

スゲの仲間は種類が多く、野生種だけでも世界中に数百種が分布する。園芸的に利用されるカラーリーフは黄〜白斑のタイプと、茶褐色のタイプ（注＊）がある。園芸品種には、葉の中央にクリーム色の斑が入るオオシマカンスゲ'エバーゴールド'が有名で流通量も多い。ときに「ベアグラス」「斑入りカンスゲ」と呼ばれることもあるが、カンスゲの斑入り品種は別にある。

ほかにも小型で細葉のコゴメスゲ'ジェネキー'、水湿地を好む黄金葉のエラータ種'オーレア'などがあって、いずれも丈夫で扱いやすく庭植えなどに適する。春先に古葉を地際で刈り取ると鮮やかな新葉が楽しめる。

人気品種の 'エバーゴールド'

ギボウシ

Hosta

キジカクシ科

葉　色：🟡🟢🟢🍃

草　丈：10〜60cm

日　照：🌤️🌥️

耐寒性：〰️〰️

葉の観賞期間：4〜10月

植えつけ時期：3月、10〜11月

日本をはじめとする東アジア原産の植物で、欧米での改良が盛ん。園芸品種は数千とも1万以上ともいわれ、株の大きさや斑の入り方、色彩、株姿など変化に富んでいる。多くは半日陰〜日陰の水はけのよい場所を好み、直射光下では夏に葉焼けするが、高冷地ではその限りではない。

代表的な種類としては、もっとも有名な品種'寒河江'は世界中の愛好家に人気がある大型種。生育が遅く、小苗から完成株に育てるには5〜6年はかかる。白斑が鮮やかな'パトリオット'は日陰でも株姿の乱れが少なく、ある程度の陽ざしにも葉焼けしにくい中型種。'サンパワー'は黄金葉の中型種で、その名のとおり日当りのよい場所に向くが、暖地では夏の西日は避けたほうがよい。

'ゴールデンティアラ'に代表される「ティアラシリーズ」は小葉の中小型種で、小苗のうちは寄せ植えや小鉢植えで楽しむことができる。

上左から中型品種の'パトリオット'と'サンパワー'、小型の'ゴールデンティアラ'。下は大型の人気品種'寒河江'

注＊後者はおもにニュージーランド原産で、本書では別項（パート5：ダークカラー P82カレックス）にした

キンミズヒキ
Agrimonia pilosa

バラ科
葉　色：🍋
草　丈：10〜30cm
日　照：⛅
耐寒性：❄❄
葉の観賞期間：6〜11月
植えつけ時期：3〜4月、10月

「黄金キンミズヒキ」の名で全体が黄色い品種が流通する。丈夫な植物だが、湿った半日陰でよく育ち、乾燥した直射光下では生育が悪い。とくに夏は葉焼けして観賞価値が低下する。ただし、冷涼地では夏でも日当たりのよい場所のほうが葉色は鮮明となる。

春に茎を伸ばし、夏から秋に小さな花を咲かせて実を結ぶ。株の色彩は遺伝するので、タネからは親と同じ黄色い株が得られる。春か秋に株分けで殖やすか、こぼれダネで生じた子苗を移植するとよい。

鮮やかな色の黄金葉キンミズヒキ

シシリンチウム
Sisyrinchium striatum

アヤメ科
葉　色：🍃
草　丈：30〜40cm
日　照：☀⛅
耐寒性：❄❄
葉の観賞期間：1〜12月
植えつけ時期：3月、10月

ニワゼキショウの仲間で、人気品種'アーントメイ'は灰緑色の葉にクリーム色の斑が入る。春に真っ直ぐな花茎を伸ばして薄い黄花を咲かせる。丈夫で日当たりと水はけのよい場所を好むが、暑さは苦手なので真夏は半日陰がよく、暖地ではコンテナ植えで移動できるほうが望ましい。

よく殖えるが3年ほどで「いや地」現象を起こして株が弱ってくるので、春か秋に株分けを兼ねて新しい場所に植えつけると回復する。

斑入り葉品種'アーントメイ'

セイヨウナツユキソウ
メドースイート
Filipendula ulmaria

バラ科
葉　色：🍋
草　丈：15〜60cm
日　照：⛅
耐寒性：❄❄
葉の観賞期間：3〜11月
植えつけ時期：3〜4月、10月

ハーブとして知られるメドースイートの黄金葉品種'オーレア'で、春から秋にかけて鮮やかな黄金葉が楽しめる。丈夫で育てやすく、庭植えでは半日陰のやや湿った場所を好む。初夏に小さな白花をたくさん咲かせ、黄金葉との調和が美しい。ギボウシやヒューケラなどと組み合わせるといっそう華やかさが引き立つ。

乾燥や夏の強い日射しは、葉焼けや株枯れをおこすことがあるので注意。とくに花後の茎をそのまま残すと蒸散が激しく、水切れをおこしやすいので短く切るとよい。

黄金葉の美しい品種'オーレア'

セキショウ
Acorus gramineus

サトイモ科
葉　色：🍋🍃
草　丈：5〜30cm
日　照：☀⛅
耐寒性：❄❄
葉の観賞期間：1〜12月
植えつけ時期：3〜4月、10月

光沢のある葉を茂らせ、春にクリーム色の細い花穂に目立たない花をつける。本来、渓流に生える植物なので、夏は半日陰となる湿った場所でよく育つ。

古くから栽培されており、通常の1/3ほどの小型系統は'姫セキショウ'と呼ばれて品種も多いが、いろいろな系統が入り混じってわかりにくい。基本サイズで濃緑にクリームの縞斑が入る'斑入りセキショウ'や黄金葉の'黄金'がある。また、小型系統には斑入りの'有栖川'や'正宗'のほか、黄金葉品種もある。

半日陰で葉色が冴える'黄金'

チャスマンシウム

ワイルドオーツ
Chasmanthium latifolium

イネ科

葉　色：
草　丈：40〜60cm
日　照：
耐寒性：
葉の観賞期間：4〜11月
植えつけ時期：3〜4月、9〜10月

オカメザサに似た草姿で、真直ぐな茎にやや幅広の葉をつける。ササのように地下茎で広がり過ぎることはなく、庭植えにしても1ヶ所にまとまるので扱いやすい。一番の特徴は、初夏から秋にかけて小判型をした花穂をたくさんぶら下げるところで、きわめて丈夫で土質も選ばず、耐寒・耐暑性が強い。

直射光にも耐えるが、斑入り品種'リバーミスト'は、夏の西日を避けたほうが白い縞斑が長く楽しめる。この斑入り品種は生育は遅いものの、数年で大株になって庭のよいアクセントになる。

白斑入り葉品種 'リバーミスト'

ツワブキ

Farfugium japonicum

キク科

葉　色：
草　丈：30〜50cm
日　照：
耐寒性：
葉の観賞期間：1〜12月
植えつけ時期：3〜4月、9〜10月

丈夫で土質を選ばず日向から日陰まで植えられる。水はけのよい場所で半日以上の日照があればよく育つ。和風の庭のほか、洋風のコンテナなどにも似合う。

白と淡緑の斑が不規則に入る'浮雲錦'は単に'斑入りツワブキ'と呼ばれることもあるが、在来の'白覆輪ツワブキ'より斑が多くて安定している。黄色の星斑'黄紋ツワブキ'は日射しが強いと斑が茶色いシミ状になりやすい。葉縁が大きく波打つ'牡丹獅子'は欧米でも人気が高く、とくに芽出しのころは全体が灰緑色をして美しい。鉢植えで冬の室内観葉植物として寒い玄関先などを飾るにもよい。

下草に人気の '浮雲錦'

デュランタ

タイワンレンギョウ
Duranta repens

クマツヅラ科

葉　色：
樹　高：10〜30cm
日　照：
耐寒性：
葉の観賞期間：5〜11月
植えつけ時期：5〜8月

カラーリーフとしては黄金葉や黄覆輪、白斑が不規則に入る品種などが夏花壇やコンテナの寄せ植えなどに利用される。ほかに花つきのよい鉢花用品種もある。暑さや乾燥に強く、温度と湿度が充分であれば生育旺盛で、切った枝をそのまま土に挿しておくだけでも発根して苗になるほど強い。

細かい枝葉を茂らせる系統と、大きな葉で旺盛に伸びる系統があって、いずれもプラスチックでできたような光沢のある葉を茂らせる。充分に伸びた枝先に青紫の小花をつけるが、咲かせるには充分なスペースが必要。葉腋に鋭い刺をつけるので注意する。

矮性の黄金葉品種

トラデスカンチア

ムラサキツユクサ
Tradescantia × andersoniana

ツユクサ科

葉　色：
草　丈：30〜60cm
日　照：
耐寒性：
葉の観賞期間：4〜11月
植えつけ時期：3月、10月

北米原産の宿根草で日向から半日陰の適湿地でよく育つ。'スイートケイト'は株全体が黄金色で芽出しの時期はとくに美しい。初夏から秋にかけて咲く紫色の花との対比は華やかで、洋風の庭に合うが和風の庭石に添えてもモダンな雰囲気となる。'ブルーアンドゴールド'などよく似た黄金葉の品種がいくつかあるが、発色具合が多少異なる程度で区別は難しい。

丈夫で耐寒性も強く、暖地では夏に葉焼けや色あせなどはあるものの、秋涼しくなると再び元気になって花を咲かせる。春先に株分けで殖やす。

'ブルーアンドゴールド'

ハラン

Aspidistra elatior

キジカクシ科
葉　色：
草　丈：30〜70cm
日　照：
耐寒性：
葉の観賞期間：1〜12月
植えつけ時期：3月、5〜6月

　日本南部原産の多年草で、一年中青々とした葉色が美しく庭の下草として利用される。葉先だけ白斑が入る'曙'、縦縞になる'縞ハラン'、小型で小さな斑を散りばめたように入る'天の川'などがある。
　温暖でやや湿り気のある日陰でよく育つ。ある程度の乾燥や日照には耐えるが、夏の乾燥と直射光が重なると葉焼けして見苦しくなるので、こうした場所は避ける。また、冬の寒風にさらされる場所では葉先から枯れ込みやすい。いずれも傷んだ古葉は適宜切り取る。葉は3年ほど緑を保つので、大株は茂りすぎることがある。新葉の出そろう5月ころに古葉を切るとよい。

白い縞の入る普及品種'縞ハラン'

ヒペリカム

Hypericum

オトギリソウ科
葉　色：
樹　高：20〜40cm
日　照：
耐寒性：
葉の観賞期間：4〜11月
植えつけ時期：3〜4月、10月

　ヒペリカムは種類が多く、涼しい気候を好むが一部は暖地でも栽培できる。一般家庭に向く小型のカラーリーフには、カリシナム種の黄金葉品種'ゴールドフォーム'やその交配種のモゼリアヌム種の'トリカラー'がある。
　いずれも半日陰の適湿地でよく育ち、とくに前者は比較的丈夫で暑さにも強く育てやすい。環境で葉色が変わり、明るい場所では葉色が鮮明になるものの、夏に葉焼けする危険も高まる。また、寒さにあうと赤みが増してオレンジやピンクに葉色が変化する。

黄金葉品種の'ゴールドフォーム'

フウチソウ

ウラハグサ

Hakonechloa macra

イネ科
葉　色：
樹　高：15〜30cm
日　照：
耐寒性：
葉の観賞期間：4〜11月
植えつけ時期：2〜3月、10〜11月

　日本特産の多年草で、古くから栽培され欧米での人気も高い。一般には斑入りフウチソウとかキンウラハグサなどと呼ばれる縞斑の品種が普及している。ほかにも全体が黄金葉となる'オールゴールド'、緑葉で葉先が赤く染まる紅フウチソウなどの品種があって、これらはやや小型に育つ。
　性質はきわめて丈夫で、病害虫もほとんどなく育てやすい。日向から半日陰でよく育つが、暗いと斑色が淡くなるので、初夏までは半日以上直射光が当たる場所がよい。なお、黄金葉の品種だけは夏の直射で葉焼けするので注意する。

鮮やかな葉色の斑入りフウチソウ

ミョウガ

Zingiber mioga

ショウガ科
葉　色：
草　丈：30〜50cm
日　照：
耐寒性：
葉の観賞期間：6〜10月
植えつけ時期：4〜5月

　夏野菜のひとつミョウガの斑入り品種で、花（花苞）にも白い斑が入る。やや湿った日陰から半日陰の肥沃な土地を好む。性質は強いが乾燥する場所では生育が悪く、葉も黄色くなって観賞価値が低下する。同じような環境を好むアジュガなどと組み合わせ、コンテナ栽培で楽しむのもよい。
　庭植えでは夏の乾燥防止のためマルチングが効果的。ほかのカラーリーフが育ちにくい日陰にも植えられる耐寒性宿根草として期待される。ただし極端な寒さは苦手なので、ひどく凍結する地域では土盛りして防寒するか、掘り上げて室内に入れる。

観葉植物のように美しい斑入り葉

ブライトカラーのゴールド＆ホワイトリーフ図鑑

モリニア
イタリアングラス
Molinia caerulea

イネ科
葉色： 🌿
草丈：20〜60cm
日照：☀
耐寒性：❄❄
葉の観賞期間：4〜11月
植えつけ時期：3〜4月、10〜11月

斑入りカリヤスの名で流通することもあるが、カリヤスとは別種で関連はない。斑入りのフウチソウやススキに似て、よりコンパクトで姿が乱れにくく、狭い庭に適している。

白斑入り品種‘バリエガタ’は夏から秋にかけて花穂を真っ直ぐ伸ばし、その先に細かい花をスプレー状につける。秋は斑の色が黄色みがかって鮮やかになる。生長は比較的遅いが耐寒・耐暑性が強く、夏の日射しにも葉焼けしにくい。強健さと、華やかさの両方を兼ね備えたグラス類の優品。

使いやすいサイズの小型グラス類

ユッカ
Yucca

キジカクシ科
葉色： 🌿🍋
樹高：40〜80cm
日照：☀
耐寒性：❄❄
葉の観賞期間：1〜12月
植えつけ時期：4〜6月、9月

北米原産のユッカは耐寒性が強く−20℃にも耐えるといわれる。フラッキダ種の斑入り品種‘ゴールデンソード’は幅の狭い葉の縁に糸状の繊維が垂れ下がり、葉の中央に鮮やかな黄斑が入る。フィラメントーサ種の品種‘ブライトエッジ’はクリーム色の覆輪で冬はピンクを帯びる。

丈夫な種類で、水はけと日当りのよい場所では、ほとんど放任で育つ。ただし、大株を植え替えると活着するまでに時間がかかる。半年以上芽を出さず、翌年になってようやく新芽を出すこともある。ポット苗の植えつけではそうした心配はない。

中斑の入る‘ゴールデンソード’

ロニセラ
Lonicera nitida

スイカズラ科
葉色： 🍋🍋
樹高：20〜60cm
日照：☀
耐寒性：❄❄
葉の観賞期間：1〜12月
植えつけ時期：3〜4月、9〜10月

ロニセラの仲間はスイカズラに代表されるつる性の種類と、つるにならずに低木状に育つ種類に大別できる。低木状の種類のなかでも、とくに中国原産で小型の常緑種ニチダは、葉を楽しむカラーリーフとして人気が高い。欧米でいずれも改良が進められ、用途に応じて多くの園芸品種が作出されている。

たとえば、やや大型の黄金葉品種には‘オーレア’や‘バゲセンズゴールド’があり、刈り込んで低めの生垣などに利用できる。‘エドミーゴールド’は黄金葉が密に茂り、‘レモンビューティー’は葉にくっきりと黄覆輪の入る、どちらもグラウンドカバー向きの小型品種。西日を避けた日当りのよい場所でよく育つ。

黄金葉品種のニチダ‘オーレア’（上左）と覆輪葉品種ニチダ‘レモンビューティー’。下はニチダ‘エドミーゴールド’（上右）

アオキ

Aucuba japonica

ミズキ科
葉　色：🍋🍋🍂
草　丈：1〜2m
日　照：⛅
耐寒性：❄❄❄
葉の観賞期間：1〜12月
植えつけ時期：4〜5月、9〜10月

　日本原産の常緑低木で、江戸時代にヨーロッパへ渡り、つややかな常緑葉と赤い実で人気を博した。雄雌の区別があり、実を楽しむなら雌木を植えなければならない。

　日陰から半日陰を好み、水はけのよい適湿地でよく育つ。じめじめした日陰に植える木というイメージがあるが、排水不良地では根腐れして上手く育たない。管理は容易で、枯れ枝を間引き、伸びすぎた枝を切りつめる程度で時期は問わない。

　斑は遺伝しやすいので似た品種がたくさんある。3つのタイプがあり、葉全体に細かい斑点が散りばめられる'星斑'、葉の中央部分に大きく基部が入る'中斑'、葉の縁に沿って斑が入る'覆輪'に大別される。

　同じタイプでも斑入り程度の多少や、複数のタイプが重複する品種も少なくない。また、斑以外にも葉の大小、広いか細いかなどの違いや、茎も斑入り（飴軸といい珍重される）かどうか、などの区別点もある。

中斑品種'ピクチュラータ'（上左）と覆輪品種'サルフレアマルギナータ'（上右）。下は星斑品種'スターダスト'

イタドリ

Reynoutria japonica

タデ科
葉　色：🍃
草　丈：50〜200cm
日　照：⛅
耐寒性：❄❄
葉の観賞期間：5〜11月
植えつけ時期：3〜4月、10〜11月

　丈夫な宿根草で、やや湿り気のある水はけのよい場所を好む。生育旺盛で2m以上に育つが、斑入り品種は比較的小型なので庭植えや鉢植えで楽しめる。品種名はとくにないが、'白散り斑'はまんべんなく広がる乳白色の斑と赤みを帯びた枝先が美しい。小型で扱いやすく、とくに芽出し時期は全体が真っ白になって美しい。

　'斑入りイタドリ'は白からピンクの不規則な斑のやや大柄な品種で、1.5mほどになることもある。小さく仕立てるには、株元から勢いよく伸びる新芽の先を50〜60cmほどの高さで摘むとよい。

涼しげな雰囲気の白散り斑品種

エスカロニア

Escallonia laevis

エスカロニア科
葉　色：🍋🍋🍃
樹　高：20〜60cm
日　照：☀⛅
耐寒性：❄❄❄
葉の観賞期間：1〜12月
植えつけ時期：3〜4月

　南米原産の常緑低木で、有機質の多い適湿地を好み、極端な暑さや寒さは苦手とする。初夏に白もしくはピンクの花を咲かせる。'ゴールドエレン'は黄金色の葉と、赤みを帯びた葉脈や新枝が魅力の園芸品種。

　生長はゆっくりで病害虫も少なくあまり手はかからないが、放任すると伸びた枝先だけに葉をつけ、下葉が落ちたみすぼらしい姿になるので、適宜剪定して姿を整えるとよい。ほかの植物に覆われると弱い枝から枯れ込んでいくので注意。

黄金葉が美しい'ゴールドエレン'

グミの仲間

Elaeagnus

グミ科
葉　色：
樹　高：60〜150cm
日　照：
耐寒性：
葉の観賞期間：1〜12月
植えつけ時期：4〜5月、9〜10月

　グミの仲間は痩せ地や乾燥気味の場所でも育ち、寒暑にも強い丈夫なものが多い。落葉性のナツグミやトウグミは家庭果樹として利用されることもある。

　カラーリーフとしては、常緑のナワシログミの斑入りがあるが、刺があって扱いにくいので、交配種で刺のほとんどない品種が植えられる。明るい黄覆輪の'ギルトエッジ'、中斑の'ライムライト'などが入手しやすい。また、落葉性で銀灰色のシルバーリーフを楽しむものもある。

　植えつけ当初の生育はゆっくりだが、数年すると徒長枝を伸ばして大きく枝を広げるようになる。大きくしたくないときは、徒長枝を見つけ次第2〜3節残して切る。根元からすべて切るとより強い徒長枝を出したり、反対に樹勢が衰えてしまう事があるので避ける。まれに緑葉だけの枝を出すが、これは見つけ次第切り捨てること。

都市部の低い植え込みや生垣でなどよく見かける黄色の覆輪品種'ギルトエッジ'（上2点）。下は中斑品種の'ライムライト'

シモツケ

Spiraea japonica

バラ科
葉　色：
樹　高：30〜70cm
日　照：
耐寒性：
葉の観賞期間：5〜11月
植えつけ時期：2〜3月、10〜12月

　日本原産の低木で、ヨーロッパで人気のある花木のひとつ。本来1m以上になるが、コンパクトな小型品種に人気がある。

　カラーリーフとしては黄金葉にピンクの花を咲かせる'ゴールドフレーム'や'ゴールドマウンド'があり、春の新芽はオレンジ色を帯びて美しい。白花の黄金葉品種に'ホワイトゴールド'があり、すっきりした色合いがホワイトガーデンによく似合う。

　いずれの品種も土質を選ばず、丈夫で日当たりから半日陰でよく育つ。ただし植えつけた年は根が充分張るまで乾かし過ぎないようにする。夏にマルチングするのも効果的。株が老化し、細枝ばかりで生育が悪くなったら、強く切り戻して若返らせるとよい。

鮮やかな黄金葉シモツケ（上左）と白花と葉色の対比が美しい'ホワイトゴールド'（上右）。下は'ゴールドフレーム'の芽出し

ススキ
Miscanthus sinensis

イネ科
葉　色：
草　丈：70〜150cm
日　照：
耐寒性：
葉の観賞期間：5〜11月
植えつけ時期：3〜4月、10〜11月

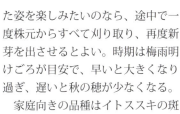

　日本原産で野原に普通に見かけ、穂の色や葉巾、草丈などに変異がある。タカノハ（鷹の羽）ススキ、シマ（縞）ススキ、葉の細いイトススキの斑入りのほか、多数の園芸品種がある。欧米でも人気のグラスで、草姿や斑入り具合のほか、出穂期の早晩まで分けられるほど。

　流通する斑入り品種は株分けした1年目の苗で、本来の大きさでないことが多い。地植えにすると翌年は倍ほどの草丈になる。こじんまりし

た姿を楽しみたいのなら、途中で一度株元からすべて刈り取り、再度新芽を出させるとよい。時期は梅雨明けごろが目安で、早いと大きくなり過ぎ、遅いと秋の穂が少なくなる。

　家庭向きの品種はイトススキの斑入りで‘モーニングライト’の品種名でも流通する。シマススキは斑の多い系統を選ぶと大きくなりにくい。タカノハススキは大型なのでコンテナ植えにするか、矮性種の‘ゴールドバー’を選ぶとよい。

横斑が入るのでヤバネススキの別名があるタカノハススキ（上左）と、縦斑のシマススキ（上右）。下はイトススキの‘モーニングライト’

セイヨウイボタの仲間
Ligustrum

モクセイ科
葉　色：
樹　高：2〜6m
日　照：
耐寒性：
葉の観賞期間：1〜12月
植えつけ時期：3〜4月、10月

　セイヨウイボタは従来ブルガレ種を指したが、最近はより枝葉が細かく茂るシネンセ種に人気があって同様に呼ばれている。品種には白覆輪の‘シルバープリペット’、黄覆輪の‘オーレア’、より黄色部分の多い‘レモンアンドライム’、白斑が冬に黄色く変わる‘カスタードリップル’などがある。

　どれも丈夫で土質を選ばないが、半落葉性で厳寒地では完全に落葉する。生育が早く、小さなポット苗からでも数年で立派な庭木になる。放任すると品種によっては3m以上になることもあるが、どこで切っても芽吹くので、強く切り戻して小さく仕立て直すのも容易。

黄覆輪品種‘レモンアンドライム’

セイヨウバイカウツギ
Philadelphus coronarius

アジサイ科
葉　色：
樹　高：1.5〜2m
日　照：
耐寒性：
葉の観賞期間：5〜11月
植えつけ時期：2〜3月、10〜12月

　バイカウツギの仲間は寒冷地でよく育つものが多いが、本種は比較的暖地でも育ち花つきもよい。‘オーレウス’は新芽の時は透明感のある黄金葉で、夏になるとライムグリーンに変わる。花は純白で微かな香りがある。

　日当たりを好むが夏の西日は避けたほうがよい。花は前年によく伸びた枝（シュート）から春に伸び出す短枝につくので、3年以上経った古いシュートは株元から切って更新するとよい。

明るい黄金葉品種‘オーレウス’

セイヨウヒイラギの仲間
Ilex

モチノキ科
葉　色：🍃🍃🍋
樹　高：1〜3m
日　照：☀️🌤️
耐寒性：〰️〰️
葉の観賞期間：1〜12月
植えつけ時期：4〜5月、9〜10月

セイヨウヒイラギはヒイラギに似るが別種で科も異なる。本来はアクイフォリウム種を指し、雌雄異株で、冬に赤い実が熟すことから、クリスマスホーリーとも呼ばれる。ヨーロッパでは庭園樹や鉢物として人気で数百品種あるが、多くは夏の暑さや極端な寒さを苦手とし、虫害も多いため日本での栽培は限られる。

栽培しやすいのはアメリカ原産のオパカ種（アメリカヒイラギモチ）やその交配種、中国原産のコルヌタ種（ヒイラギモチ）で、庭園樹としては以下の品種が向いている。

'サニーフォスター'は細葉の黄金葉品種で、枝が密に茂るので生垣にも向き、新芽はとくに鮮やかな金色になる。'オースプリング'は明緑色の葉にクリーム色の斑が入り、独特の角ばった葉とともに明るい雰囲気がある。半日程度の日陰地でも育つが、葉色は少し悪くなる。植えつけは極端に乾燥する土や痩せた土でなければよく、丈夫で育てやすい。

黄金葉品種'サニーフォスター'（上左）と'オースプリング'（上右）。下はアクイフォリウムの品種'フェロックスアルゲンテア'

チョイジア
メキシカンオレンジブロッサム
Choisya ternata

ミカン科
葉　色：🍋
樹　高：0.5〜2m
日　照：☀️
耐寒性：〰️〰️〰️
葉の観賞期間：1〜12月
植えつけ時期：4〜5月

常緑の低木で暑さや乾燥に強く、葉にはさわやかな香りがある。春になると前年に伸びた枝先に白い花をたくさん咲かせ、そのあとに黄金色の新葉を展開する。

葉が鮮やかな黄金色で花つきのよい代表品種に'サンダンス'がある。'ゴールドフィンガー'は、春は黄色の葉が夏には明るい緑に変わる細葉の品種。いずれも寒さにはあまり強くないので、寒冷地では鉢植えで楽しむのがよい。

春に白花を咲かせる'サンダンス'

パンパスグラス
シロガネヨシ
Cortaderia selloana

イネ科
葉　色：🍃🍋
草　丈：1.2〜1.5m
日　照：☀️
耐寒性：〰️〰️〰️
葉の観賞期間：5〜11月
植えつけ時期：3〜4月

原種は南米産で、大株になると高さ4mにもなる。しかし斑入り品種は1.2〜1.5m程度と小型のものが多い。なかでもはっきりとした白覆輪の入る'シルバービーコン'や、黄色の中斑が入る'サンストライプ'は小型のうえ、立ち葉で株姿がよい。外見上区別できない同じような斑入り品種が、別の名称（商品名）で流通することもある。黄色の縞斑品種'オーレオリネアータ'は若苗の葉が軟らかく広がり扱いにくい。

どの品種も葉の縁が鋭くざらざらしており、不用意に扱うと怪我をするので、通路ぎわには植えないこと。

小型品種'シルバービーコン'

メラレウカ
ティーツリー
Melaleuca bracteata

フトモモ科
葉 色：🍂
樹 高：0.5〜3m
日 照：☀🌤
耐寒性：❄❄❄
葉の観賞期間：1〜12月
植えつけ時期：4〜5月

　ライムイエローの葉色と細かく茂る枝葉が、明るくさわやかな雰囲気を演出する。日当たりと温暖な気候を好み、水はけのよい土でよく育つ。日陰では枝枯れをおこしてみすぼらしくなる。冬は葉が明るいオレンジ色に見えることもあるが、寒さにはそれほど強くないので、冬の寒風を避けられる場所に植えるとよい。

　放任すると、株元やつけ根付近の枝が弱りやすい。したがって、こんもりした姿を維持したいときは、強く伸びる枝は早めに切り戻し、株全体のバランスを整えるようにする。太い枝を切ると芽を吹かずに枯れ込むことがあるので注意。

明るい葉色の'ゴールデンジェム'

ヤツデ
Fatsia japonica

ウコギ科
葉 色：🍃
樹 高：1〜2m
日 照：🌤🌑◪
耐寒性：❄❄❄
葉の観賞期間：1〜12月
植えつけ時期：4〜6月、9〜10月

　カラーリーフとしては、白散り斑の'紬絞り'（つむぎしぼり）が多く流通するが、実生（種子）繁殖のため斑に個体差があり、育つにつれて斑が消える株が出るのが欠点。ほかにも白斑の'斑入りヤツデ'、黄緑斑の'叢雲錦'（むらくもにしき）があるが、殖えにくいため流通は少ない。

　日陰〜半日陰の水はけのよいやや湿った土を好み、乾燥地では極端に生育が悪い。自然と株立ちになるが、放置して株元が寂しくなったら、古い幹を切り戻して根元から出る若い幹を残す。幹の途中で切るときは、葉のついているところで切らないと芽が出ないことがある。

散り斑品種'ツムギシボリ'

ユキヤナギ
Spiraea thunbergii

バラ科
葉 色：🍂🍃
樹 高：0.5〜1.2m
日 照：☀
耐寒性：❄❄
葉の観賞期間：5〜11月
植えつけ時期：2〜3月、10〜12月

　ユキヤナギには'黄金'と呼ばれる黄金葉品種があって、芽出しのころは鮮やかな黄金色、夏になると明るいライムグリーンに変わる。早春には弓なりに枝いっぱいに咲く白い花も楽しめる。

　原種に比べて枝の伸びは穏やかで、株はコンパクトにまとまる。刈り込みにも耐えて美しい生垣になるが、性質はややデリケートで、極端な乾燥地や痩せ地では生育が悪い。

鮮やかな黄金葉と清楚な白花

レンギョウ
Forsythia

モクセイ科
葉 色：🍂🍃🍂
樹 高：0.5〜1.5m
日 照：☀
耐寒性：❄❄
葉の観賞期間：5〜11月
植えつけ時期：2〜3月、10〜12月

　レンギョウ（チョウセンレンギョウ）には白覆輪、黄覆輪と黄金葉があり、いずれも春早くに濃黄色の花をつけ花木としての魅力もある。

　丈夫な樹種だが、黄金葉は春先、まだ軟らかい新芽が強い日射しで枯れ込むことがある。一旦芽枯れをおこすと、回復にはひと月以上かかり、そのまま枝が枯れてしまうことさえある。覆輪品種はこうしたことはなく、比較的丈夫で扱いやすい。水はけのよい適湿地を好むが、元来丈夫なので土質は選ばない。手入れとしては開花後、古い枝から順次切り取って株の若返りを図る。

早春の芽出しと花は両方で豪華だ

アメリカフウ

モミジバフウ

Liquidambar styraciflua

フウ科

葉 色：

樹 高：25mまで

日 照：

耐寒性：

葉の観賞期間：5〜11月

植えつけ時期：2〜3月、11〜12月

　北アメリカ東部原産の高木で、丈夫なうえ暖地でも美しく紅葉することから、世界中で街路樹や公園用として植栽される。斑入りや黄金葉の品種があって、いずれも日本には導入されているものの植栽例は多くはない。

　整った樹形の'ナリー'は黄金色に輝く新芽が素晴らしく、その鮮やかさは真夏を迎えるまで長く続く。白覆輪の'シルバーキング'は生育が遅く、若木のうちは丁寧に剪定しない

と樹形が乱れやすい。黄斑には'ゴールデントレジャーリバース'や'オーレア'などがあるが、ときどき緑葉だけの先祖返りした枝を出すので、剪定時に注意して取り除くこと。

　これらの園芸品種は原種よりは枝の伸びは遅いものの、本来の姿を楽しむには充分なスペースが必要。剪定して小さく仕立てることも可能だが、4〜5mには伸ばしてやりたい。

青空をバックに鮮やかな黄金葉を広げた'ナリー'とカエデに似た葉型（上2点）。下は白覆輪品種の'シルバーキング'

アメリカキササゲ

カタルパ

Catalpa bignonioides

ノウゼンカズラ科

葉 色：

樹 高：3〜10m

日 照：

耐寒性：

葉の観賞期間：4〜10月

植えつけ時期：2〜3月、10〜11月

　アメリカ南東部原産で、原地では高さ15mにもなる。初夏に白い花を咲かせ、ササゲに似た細長い実を多数ぶら下げるところから「キササゲ」の名がついた。黄金葉の品種'オーレア'はゆったりと広げた枝先に大きな葉を広げ、シンボルツリーによい樹種のひとつ。

　適湿地では生育も早く、数年で4〜5mに育つ。あまり大きくすると風で枝が折れることもあるので、伸びすぎた枝は適宜切りつめるようにする。近縁のハナキササゲ'プルベルレンタ'はクリーム色の散り斑。

黄金葉の品種'オーレア'

ケヤキ

Zelkova serrata

ニレ科

葉 色：

樹 高：5〜25m

日 照：

耐寒性：

葉の観賞期間：5〜11月

植えつけ時期：2〜3月、10〜11月

　箒を立てたような端正な樹形が好まれ、街路樹にもよく使われる。'黄金ケヤキ'は黄金葉の品種で、生育はゆっくりで家庭用の庭木としても扱いやすい。

　明るい葉色とオレンジ色がかった新梢に特徴がある。ときおり徒長枝を伸ばすこともあるが、若木の徒長枝はやみくもに切るのではなく、将来の樹形を考えてバランスよく残す。長すぎた徒長枝は1/2〜1/3のところで切るとよい。日当たりのよい適湿地を好み、深く耕して苗木の根が充分に張れるようにしてやると生育がよい。地盤が固いと枝が横に伸びて枝垂れぎみとなる。

輝くような葉色の'黄金ケヤキ'

シマトネリコ
Fraxinus griffithii

モクセイ科
葉　色：
樹　高：1～4m
日　照：
耐寒性：
葉の観賞期間：1～12月
植えつけ時期：4～5月

涼しげな羽状複葉と白い幹肌に人気があるが、生長が早くて狭い庭では持て余すこともある。これに対し白覆輪の'サマークイーン'は生長が遅く、成木でも3～4m前後と手ごろな大きさに収まる。ほかにも白斑が不規則に入る品種は'ホワイトドロップ'と呼ばれ生育も早いが、こちらは斑が不安定で緑葉に戻りやすい。

温暖な気候を好み、寒風で葉が傷むことがある。斑入り品種は苗木から時間をかけて育てるのもよく、水はけのよい適湿地に植えて生育を促す。数年はコンテナ植えで楽しんだあと、庭に植える方法もある。

鳥の羽のような涼しげな複葉

センダン
Melia azedarach

センダン科
葉　色：
樹　高：3～10m
日　照：
耐寒性：
葉の観賞期間：4～11月
植えつけ時期：4月

樹形は傘を広げたような逆三角形で、緑陰をつくるのによい。初夏に咲く淡青色の花もすがすがしい。カラーリーフとしては、黄金葉の'イエローパラソル'、白散り斑の'フラッシュダンサー'などの品種があり、どちらも原種ほど大きくならず、家庭のシンボルツリーとしてほどよい大きさに育つ。

水はけのよい適湿地を好むが、ある程度の乾燥地や痩せ地にも耐える。接ぎ木苗が出回り、苗の良し悪しでその後の生育に差が出やすいので、しっかりした台木にきれいに接がれているものを選ぶようにする。

黄金葉の品種'イエローパラソル'

タニウツギの仲間
Weigela

スイカズラ科
葉　色：
樹　高：1～2m
日　照：
耐寒性：
葉の観賞期間：4～11月
植えつけ時期：2～3月、11月

タニウツギのほかオオベニウツギ、ハコネウツギなどもあり、春になるとアーチ型に伸びる枝一面にピンクの花を咲かせる。白覆輪や黄金葉の園芸品種があり、性質が強いので場所を選ばない。適湿地では大きく育ち、樹高3m近くなることもある。

花は前年に伸びた充実枝から咲くので、許す限り枝を大きく伸ばして自然樹形にする。ただし、放任すると細枝ばかり茂り花つきも悪いので、3～4年以上経った古枝を株元から整理し、元気のよい枝を残すよう剪定する。

花も美しい覆輪の品種

トウカエデ
Acer buergerianum

ムクロジ科
葉　色：
樹　高：20mまで
日　照：
耐寒性：
葉の観賞期間：4～11月
植えつけ時期：1～3月、12月

江戸時代に渡来した中国原産のカエデの仲間で、乾燥や大気汚染にも強く、街路樹や公園樹として全国各地に植えられている。カラーリーフとしては'花散る里'があり、新芽は乳白色、新緑は芽先からピンク～白～淡緑～黄緑と変化し、秋には橙～赤に紅葉するなど、四季折々楽しめる優れた品種。

基本種に比べて生育は穏やかで、若木のうちは徒長枝を軽く切りつめる以外、剪定の必要はない。植え場所は日当たりがよければ土質は選ばないが、堆肥などをすき込んでおくと生育がよい。

葉色が変わる'花散る里'

ナンキンハゼ
Triadica sebifera

トウダイグサ科
葉　色：
樹　高：7～12m
日　照：
耐寒性：
葉の観賞期間：5～9月
植えつけ時期：3～4月

　もともと中国南部、台湾原産で、紅葉が美しく西日本では街路樹としても植栽される丈夫な樹木。'メトロキャンドル'は日本で作出された斑入り品種で、新芽は赤みを帯びたクリーム色で、やがて白散り斑に変わる。ほかにも春先の新芽が赤く、真夏には全体が白く変わる'スノーマウンテン'、夏から秋にかけて黄色い覆輪が鮮明になる'グリーンホーネット'などがある。
　本来高木に育つが、これらの品種は枝の伸びが少なく、葉も小さくて一般家庭でも充分楽しめる。苗木のうちはコンテナに植えるのもよい。流通量はそれほど多くないが接ぎ木苗が市販される。温暖な気候を好み、関東以西の太平洋側に適する。過湿地でないかぎり土質は選ばない。寒冷地では枝枯れをおこして上手く育たない。

芽出しの赤みを帯びたクリーム色から白く変化する'メトロキャンドル'（上2点）。下は夏に真っ白になる'スノーマウンテン'

トサミズキ
Corylopsis spicata

マンサク科
葉　色：
樹　高：2～3m
日　照：
耐寒性：
葉の観賞期間：5～11月
植えつけ時期：2～3月、11月

　黄金葉の品種に'スプリングゴールド'があり「黄金トサミズキ」と呼ばれることもある。早春に和紙で作ったようなクリーム色の花を咲かせ、その後鮮やかな黄金葉を展開する。明るい黄金葉は夏にはライムグリーンとなるが、秋には再び黄葉する。
　やや湿った半日陰を好み、西日の強く当たる場所では葉焼けすることもある。樹形は株元から細い幹を数本立てて逆円錐形となる。樹勢がおとなしく枝の伸びも穏やかで、狭い場所に植えてもさほど邪魔にならない。

黄金葉の'スプリングゴールド'

ニセアカシア
ハリエンジュ
Robinia pseudo-acacia

マメ科
葉　色：
樹　高：10～12m
日　照：
耐寒性：
葉の観賞期間：4～11月
植えつけ時期：2～3月、12月

　ニセアカシアの'フリーセア'は輝くような黄金葉品種。ほとんど刺もないので扱いやすい。5月ごろ、甘い香りの白花を咲かせるが、葉影に隠れて目立たず、香りでわかるほど。生長が早く、小さな苗木からでも立派な庭木に育てられる。しかし、大きくなりすぎて一般家庭では持て余すこともある。
　痩せ地でもよく育つが比較的寿命が短く、地面近くに伸びた根から不定芽を出して広がる。暖地では幹や太枝にカミキリムシが食い込んで枯れることもある。

明るい葉の人気品種'フリーセア'

ネグンドカエデ

Acer negundo

ムクロジ科
葉　色：
樹　高：3〜10m
日　照：
耐寒性：
葉の観賞期間：4〜10月
植えつけ時期：1〜3月、12月

　羽状複葉を持つカエデの仲間で、北アメリカ原産。白斑の'フラミンゴ'は新芽の先がピンク色に染まり、春から初夏はたいへん華やか。黄金葉の'ケリースゴールド'は若い葉と枝が黄金色で、夏にはライムグリーンに変わる。

　生長が早く、一年に2m以上伸びることもあるので、自然樹形に育てると大きくなりすぎるきらいがある。家庭で楽しむには、主幹が2mほどになったところで先を切り落と

し、横枝を4〜6本に整理して30〜50cmに切りそろえる。横枝から伸びる枝は、小指ほどの太さのものを2節残して切り戻し、それより太い枝や細い枝はつけ根から切り取る。毎年これを繰り返せば、大きさで困ることはない。

　カエデ類の剪定時期はほかの落葉樹より早く、太い枝を切るときは11月末〜年内に行う。遅れると流れ出る樹液が止まらず、枝枯れや腐朽菌の侵入がおこりやすい。

代表的な品種の'フラミンゴ'は春の新芽がピンクに染まり次第に白くなる（上2点）。下は鮮やかな葉色の'ケリースゴールド'

ハナミズキ

Cornus florida

ミズキ科
葉　色：
樹　高：4〜7m
日　照：
耐寒性：
葉の観賞期間：5〜12月
植えつけ時期；2〜3月、10〜12月

　アメリカ原産の花木で桜の花が終わるころに白やピンクの大きな花を咲かせる。カラーリーフとしては、黄覆輪の'チェロキーサンセット'や'レインボー'が育てやすい。前者はピンク、後者は白花を咲かせ、秋は斑が鮮紅色に紅葉して美しい。ほかにも黄金葉や白覆輪の品種もあるが、葉焼けしやすくやや育てにくい。

　水はけのよい適湿地を好み、乾燥地や痩せ地では生育が悪い。車枝になりやすいので、全体のバランスを見ながら、一ケ所から出る枝数を2、3本になるよう剪定する。

黄覆輪の'レインボー'

マサキ

Euonymus japonicus

ニシキギ科
葉　色：
樹　高：1.5〜5m
日　照：
耐寒性：
葉の観賞期間：1〜12月
植えつけ時期：4〜6月、9〜10月

　日本や中国南部の海岸に自生する常緑樹で、古くから栽培され品種も多い。生長が早く刈り込んでもすぐに枝葉が茂るので、生垣に多く利用されたが、近年ではカラーリーフとして庭にアクセントをつけるのに用いられる。

　斑入り品種は黄覆輪の'黄金マサキ'や'オオサカベッコウ'、白覆輪の'銀マサキ'のほか、新芽が透明感のある黄金葉となる'ホンベッコウ'などや中斑もある。ただし同じ品種名でも、斑の入り方の多少などいくつも系統があるようで、正確には区別できていない。また、ごく小型で生長の遅い品種'ヒメマサキ'にも、白斑、黄斑、黄金葉がある。

鮮やかな黄覆輪の'黄金マサキ'

ヒイラギ
Osmanthus heterophyllus

モクセイ科
葉　色：
樹　高：0.5〜2m
日　照：
耐寒性：
葉の観賞期間：1〜12月
植えつけ時期：3〜4月、9月

葉に鋭い刺があり、昔から魔よけとして利用される。若木のうちは刺が多いが、古くなると丸い葉に変わり、葉の先端にだけ刺をつけるようになる。カラーリーフとしては、クリーム色の散り斑が全体に入る'五色ヒイラギ'や、覆輪斑の'斑入りヒイラギ'があって、寄せ植え材料として年末ごろに多く出回る。

いずれも丈夫で極端な排水不良地や痩せ地でないかぎり、日向から日陰まで場所を選ばない。生育が遅い

ため、庭植えにしても邪魔にならず、刈り込んで低い生垣に仕立てることもできる。その場合は植え場所に堆肥を入れ、よく耕して排水をよくしておく。

一方、鮮やかな葉色が目を引く黄金葉品種'オールゴールド'（別名黄金ヒイラギ）は、性質は強いものの夏に焼けやすいので、西日を避けられる場所に植える。ヒイラギは刺が鋭く、乾燥した落ち葉はとくに痛いので扱いに注意する。

刺だらけの葉に鮮やかな色が楽しい'オールゴールド'（上左）と白覆輪の'斑入りヒイラギ'（上右）。下は散り斑の'五色ヒイラギ'

ミズキ
Cornus controversa

ミズキ科
葉　色：
樹　高：5〜10m
日　照：
耐寒性：
葉の観賞期間：4〜10月
植えつけ時期：2〜3月、11〜12月

ミズキの白覆輪'アルゲンテオバリエガタ'はヨーロッパでもっとも人気のある斑入り樹木のひとつ。純白の覆輪斑の上に雪が積もったように咲く白花も魅力的。整然と枝を広げた樹形はほかに比類がないほど美しい。

残念ながら暖地より寒冷地向きの樹種である。市街地より郊外、より空中湿度の高い山間部では暖地でもよく育つ。水はけのよい、やや湿った土を好み、適地では生育が早いが、それ以外では極端に悪くなる。

白い傘のように優雅に枝を広げる

モッコク
Ternstroemia gymnanthera

モッコク科
葉　色：
樹　高：1〜2m
日　照：
耐寒性：
葉の観賞期間：1〜12月
植えつけ時期：4〜5月、9月

一年中つやのある濃緑の葉を保ち、端正な樹形とともに重厚な雰囲気を持つ。マツ、モチノキに並んで庭木の王と称される。カラーリーフとしては'黄金'、'黄斑'、'白斑（三光斑）'などがあって、寒い時期は黄色部分がオレンジ、白色部の一部はピンクに変わる。

性質は強いものの生育が遅く、1mの苗に育つのに10年以上かかるためか流通量は少ない。庭木には比較的生育の早い'黄金'が適し、和洋どちらの庭にもよく似合う。ハマキムシの被害があるほかは、目立った病害虫は少ない。

光沢のある黄葉の'黄金'

ユズリハ

Daphniphyllum

ユズリハ科
葉　色：
樹　高：3〜5m
日　照：☀
耐寒性：❄❄❄
葉の観賞期間：1〜12月
植えつけ時期：4〜5月、9月

　縁起のよい木として正月の鏡餅飾りに利用される。傘型に広がる枝先に大きな葉をまとめてつけるので存在感がある。斑入りの'白覆輪ユズリハ'は鮮明な白斑に赤い葉柄がアクセントになって美しい。ほかに黄覆輪や黄中斑など、斑色の濃淡の違いでいくつかの系統がある。

　また、近縁種に小ぶりの葉を斜め上向きにつけるヒメユズリハがあり、覆輪や中斑など同じような斑入り品種がある。ユズリハに比べて小枝が多く、コンパクトに仕立てることもできるので、一般家庭では使いやすい。

　どちらも生育が遅く、木が若いうちは剪定などの必要はほとんどない。大きく育つにつれ、混み合った枝を間引き、切り戻す際は枝の分かれ目で切るようにする。苗木を選ぶ際は、鮮明な斑であることはもちろんだが、台木との接合部分がきれいにつながっている苗を選ぶのがポイント。

ユズリハの刷毛込み黄覆輪品種（上左）と中斑品種（下）。上右は樹高3〜7mとやや小ぶりのヒメユズリハの白覆輪

ヤマボウシ

Cornus

ミズキ科
葉　色：
樹　高：3〜10m
日　照：☀ 🌤
耐寒性：❄❄
葉の観賞期間：4〜11月
植えつけ時期：2月下旬〜3月、10〜12月

　ハナミズキの近縁種で日本、中国原産。樹形や花は似ている。ただ、ハナミズキの白斑品種が葉焼けしてつくりにくいのに対して、シナヤマボウシの白斑品種の'ウルフアイ'は葉焼けせず、丈夫で栽培しやすい。

　緑白色に白覆輪という葉色も印象的で、秋には葉縁がピンクを帯びて美しさが増す。樹形がよくシンボルツリーにも適する。水はけのよい適湿地でよく育ち、病害虫も少ない。ほかに黄中斑の'ゴールドスター'や、中国産のトキワヤマボウシ'白覆輪'がある。

鮮やかな白覆輪の'ウルフアイ'

ヨーロッパナラ

オウシュウナラ

Quercus robur

ブナ科
葉　色：
樹　高：25mまで
日　照：☀
耐寒性：❄❄
葉の観賞期間：4〜11月
植えつけ時期：2月下旬〜3月、11月

　ヨーロッパから北アフリカにかけて広く分布し、イングリッシュオークと呼ばれることもある。カシワを小さくしたような丸みのある葉が特徴で、白覆輪の'アルゲンテオマルギナータ'や黄金葉の'コンコルディア'などがある。

　本来寿命の長い大木になる種類だが、園芸品種は若木でも充分楽しめる。どちらかというと寒冷地向きの樹種で、日当たりと排水のよい場所に植えると真っ直ぐに育つ。植えつけ後、勢いよく育ち始めるまでの数年間は、乾きすぎや虫害に注意する。

'アルゲンテオマルギナータ'

クズ

Pueraria lobata

マメ科
葉　色：🌱
つ　る：5～10m以上
日　照：☀
耐寒性：〜〜
葉の観賞期間：5～10月
植えつけ時期：3～4月

代表品種の'蝶の舞'は緑白色の斑が鮮やかに入る。つるはほかのものに巻きつきながら、年に2～3mは伸びる。夏の終わりから秋の初めにかけて、赤紫の甘い香りのする花を咲かせる。丈夫で土質を選ばずよく育つが、日陰では生育は悪い。

つるはよく伸びるので、放任すると手に負えなくなる。希望の大きさに育ったら、毎年強く切り戻し、同じ大きさに保つのがポイント。パーゴラ仕立てにしたり、緑のカーテンに使うのも面白い。

明るい雰囲気の大型のつる草

ジャスミンの仲間

Jasminum

モクセイ科
葉　色：🍂🌱
つ　る：1.5～5m以上
日　照：☀
耐寒性：〜〜〜
葉の観賞期間：4～11月
植えつけ時期：4～5月

代表品種'フィオナサンライズ'は巻きついて伸びるつるに、羽状に切れ込んだ黄金葉をつける。花つきは少なく香りも弱いが、鮮やかな黄金葉は目を引く。観賞期間が長いのも特徴で、春先の芽吹きから秋に紅葉（黄葉）して落葉するまで楽しめる。一見ハゴロモジャスミンに似ているが別種である。ハゴロモジャスミンには白斑があるが、性質が弱く生育も遅い。

寒さが厳しいと細いつるから枯れ込むので、庭植えするには家の南面など寒風の防げる場所がよい。水はけのよい適湿地を好み、条件がよいと年に2m以上に伸びる。ひどく乾く土地では生育が悪い。

黄金葉の'フィオナサンライズ'

セイヨウキヅタ
イングリッシュアイビー

Hedera

ウコギ科
葉　色：🌱🍂🍋
つ　る：1～10m以上
日　照：☀🌤
耐寒性：〜〜
葉の観賞期間：1～12月
植えつけ時期：3～6月、10月

ヘリックス種はセイヨウキヅタもしくはイングリッシュアイビーと呼ばれる。千を超える品種があり、日本では寄せ植え材料として出回る。丈夫そうだが、日本の高温多湿に弱く、庭植えに向く品種はそれほど多くない。鮮明な斑の入る品種の多くは、夏の直射光を苦手とする。丈夫で庭植えできるのは白斑の'グレイシャー'、黄斑の'ゴールドチャイルド'など。

カナリエンシス種（カナリーキヅタ、オカメヅタ）は大型で、広い面積のグランドカバーなどに向く。白斑の'バリエガタ（別名：斑入りオカメヅタ）'が利用される。生育旺盛で年に3m以上伸びるが、気根が弱いので、上に登らせるには支柱への誘引が必要。

コルシカ種（コルシカキヅタ）も大型で、白斑のものや黄色と黄緑の混じった中斑の'サルファーハート'がある。カナリーキヅタに似るが、つや消しの葉で暑さや乾燥に強い。

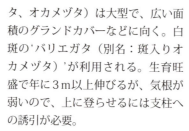

ヘリックスの'ゴールドチャイルド'（上左）とカナリエンシスの'バリエガタ'（上右）。下コルシカの'サルファーハート'

ナツヅタの仲間

ツタ

Parthenocissus

ブドウ科

葉　色：

つ　る：10m以上

日　照：

耐寒性：

葉の観賞期間：4〜11月

植えつけ時期：2〜3月

　春から秋に葉を茂らせ、冬は落葉するのでナツヅタと呼ばれ、秋には黄、オレンジ、赤色の紅葉が楽しめる。日本原産で浅い切れ込みのある広葉を持ち、巻きひげが変化した吸盤で他物に張りついてよじ登っていく。カラーリーフには黄金葉の‘フェンウェイパーク’、白やピンクの斑が不規則に入る‘錦ツタ’がある。

　ヘンリーヅタは深く切れ込んだ掌状葉を持ち、暗緑色に銀灰色の葉脈が浮かび上がるのが特徴。新芽は赤みを帯びてとくに美しい。似た種類にアメリカヅタがあって、白斑と緑がモザイク状に交じる斑入り品種があり「斑入りヘンリーヅタ」として出回ることがある。どちらも吸着力が強くないため、大株が強風で丸ごとはがれることも珍しくない。

　どの種類も性質は丈夫で、日当たりのよい適湿地では生育がよく、秋の紅葉も美しい。‘フェンウェイパーク’は西日のきつい乾燥地では枝枯れをおこすことがある。

ナツヅタの黄金葉品種‘フェンウェイパーク’（上左）と銀灰色の葉脈が美しいヘンリーヅタ（上右）。下はアメリカヅタの斑入り品種

ツルハナナス

ソケイモドキ

Solanum jasminoides

ナス科

葉　色：

つ　る：0.5〜2m

日　照：

耐寒性：

葉の観賞期間：1〜12月

植えつけ時期：3〜6月

　ブラジル原産のつる状に伸びる多年草で、青花と白花がある。カラーリーフとして利用されるのは黄斑入りの‘バリエガタ’で、白い花を春から秋にかけて断続的に咲かせる。暑さに強く、真夏の直射光下でも元気に育つ。

　ある程度の乾燥には耐えるが、水切れが続くと下葉から落葉する。また、肥料切れすると極端に葉色が悪くなる。ときおり緑部分のない黄金葉の枝を出すが枯れてしまうことが多い。なお、「斑入りヤマホロシ」の名で流通することもあるが、ヤマホロシは日本の山野に生える別の植物である。

下草や花壇の縁などに使われる

フジ

ノダフジ

Wisteria floribunda

マメ科

葉　色：

つ　る：10m以上

日　照：

耐寒性：

葉の観賞期間：5〜11月

植えつけ時期：2〜3月、12月

　斑入り品種の‘錦フジ’は葉全体に白、緑白、黄緑、緑のモザイク模様が複雑に入る美しい品種。花は通常のフジと同じか、やや淡い色合いに咲く。接ぎ木苗が出回るので、台木との接合部分がしっかりした苗を選ぶこと。

　ときおり緑葉の先祖返りした枝を出すので、見つけ次第切り捨てる。放置すると斑入りの枝が枯れてしまうことがある。ただし、新芽の伸び始める時期は斑が不鮮明で、ライムグリーンの濃淡でしかないので間違えて切らないように。

装飾的なモザイク模様の‘錦フジ’

ブライトカラーのゴールド&ホワイトリーフ図鑑

ゴールド＆ホワイトの
アザーカタログ

＊項目として紹介できなかったもの、
ほかの色で項目として
取り上げたものを掲載。
→は項目または解説のあるページ。

アジュガ
'ゴールドライム'

　近年出回るようになった黄金葉の品種で、新芽はとくに色鮮やか。匍匐枝を伸ばして旺盛に広がり、日陰の庭を明るく彩る。植え場所は明るいほうが黄金葉の色がはっきり出るが、暖地では夏に葉焼けしやすいので、なるべく半日陰～日陰の適湿地に植えたい。花はピンク。→ P77

アメリカテマリシモツケ
'ダーツゴールド'

　春早く黄金色の新芽を展開し、花が咲いているように見える。葉が広がってライムグリーンに落ち着くころ、コデマリに似た白い小花を咲かせる。→ P88

アメリカハナズオウ
'ハートオブゴールド'

　アメリカハナズオウの黄金葉品種で、ライムグリーンの葉が特徴。性質が強く栽培容易だが、植え替えを嫌うので苗木から育てるのがよい。→ P93

カンナ
'ダーバン'

　鮮やかな黄色と緑のストライプ模様になる。'ベンガルタイガー'の品種名でも流通する。性質は丈夫で花つきもよく、銅葉のコリウスやペニセツムなどと組み合わせてトロピカルな雰囲気を楽しめる。鉢植えならば径30cm以上がよく、水を切らさぬよう夏の間だけ受け皿を敷いておくとよく育つ。肥料を好む。→ P88

フッキソウ斑入り

　クリーム色の覆輪品種は葉全体が明緑色で明るい印象がある。適湿を好み、夏の直射光下での乾燥は枯死につながる。→ 111

コリウス
'ハワイゴールド'

　栄養系品種のひとつで、フリルに縁どられた混じりけのない黄金葉が特徴。生育旺盛でこんもりと茂る。→ P83

スモークツリー
'ゴールデンスピリット'

　スモークツリーには珍しい黄金葉の品種。夏はさわやかなライム色となる。花穂は小さいが若木でもよく咲く。→ P93

セイヨウニワトコ
'オーレア'

　春から秋まで大きく切れ込んだ黄金葉を茂らせる低木で、5～6月に咲く大きな白い花房との調和も美しい。→ P90

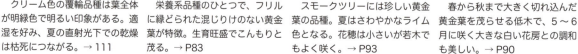

コニファー類

　コニファーとは針葉樹全般を指す言葉で、マツやヒノキも含まれる。園芸的には黄金色の斑入りや灰緑葉の比較的小型のコニファーが流通する。コニファーを選ぶときは、将来育つサイズと樹形、一年にどれほど伸びるかという生育スピードに注意する。太い枝を切り戻しても芽吹かないことが多いので、生育の早い種類はそれだけこまめな剪定が必要とな

る。小さなポット苗が3年後には家の2階に届くほど育つことも珍しくない。

　また、トウヒの仲間など冷涼な地域を原産地とする仲間は暑さを嫌うが、夏の西日を避けた水はけのよい場所に植え、しっかりと根を張らせれば育つものも多い。基本的に半日以上日の当たるところを選ぶこと。風通しも大切で、枝に枯れ葉がたまると病害虫の巣窟となって枝枯れの原因となる。美観上も枯れ葉は取り除いておきたい。

右からコロラドビャクシン‘ブルーヘブン’、ニオイヒバ‘ヨーロッパゴールド’2本、ニオイヒバ‘グリーンコーン’、1本おいてレイランドヒノキ

サワラ‘ゴールデンモップ’

ニオイヒバ‘ヨーロッパゴールド’新梢は黄金色で夏に黄緑色になり、冬に赤味を帯びた黄色となる

黄金コノテガシワと黄金ヒメマサキの植え込み

アメリカハイビャクシン‘マザーローデ’

プンゲンストウヒ‘グロボーサ’

モントレーイトスギ‘ゴールドクレスト’

コロラドビャクシン‘ブルーヘブン’

レイランドヒノキ‘シルバーダスト’

左上〜下：ケントウレア・アルゲンテア、バーバスカム、ヘリクリサムの一種。中上〜下：ヘリクリサムの一種、ケントウレア・キネラリア、プレクトランサスの一種。右：アルテミシア

アサギリソウ
Artemisia schmidtiana

キク科
葉　色：🍃
草　丈：10〜30cm
日　照：☀️
耐寒性：❄️❄️
葉の観賞期間：3〜11月
植えつけ時期：2〜3月、10月

信越と東北から北海道、ロシアにかけて自生する小型のヨモギの仲間で、銀白色の繊細に切れ込んだ葉をこんもりと茂らせる。いくつかのタイプが流通し、山野草としては小型のチシマアサギリソウやその黄金葉に人気があるが、性質はややデリケートで暑さや蒸れに弱い。

日当たりと風通しが大切で、水はけのよい土を好む。とくに梅雨時から夏にかけての高温多湿な時期は、蒸れて下葉が枯れやすいので注意する。肥料が多くても茂りすぎて蒸れに弱くなるので、適宜枝を間引いたり切り戻したりして風通しよくする。

高山に生えるヨモギの仲間

ガザニア
Gazania

キク科
葉　色：🍃
草　丈：10〜20cm
日　照：☀️
耐寒性：❄️❄️❄️
葉の観賞期間：4〜11月
植えつけ時期：3〜4月

南アフリカ原産で、クンショウギク（勲章菊）の和名のとおり、派手な原色に蛇の目模様の花をつける。温暖な気候を好み、凍るような寒さや湿気を伴う蒸し暑さは苦手とする。

カラーリーフとしては、茎葉の白い'タレントシリーズ'や黄花の原種のユニフロラ種などがある。とくにユニフロラ種は丈夫で匍匐性が強く、レイズドベッドやコンテナの縁に植えると、垂れ下がるように育って見事になる。日当たりさえよければ生垣の根元など、乾燥してほかの植物が育ちにくいところでも育つ。挿し芽で容易に殖える。

黄花を初夏に咲かせるユニフロラ

カロケファルス
プラチーナ　クッションブッシュ
Leucophyta brownii

キク科
葉　色：🍃
樹　高：10〜15cm
日　照：☀️🌤️
耐寒性：❄️❄️❄️
葉の観賞期間：1〜12月
植えつけ時期：1〜4月、10〜11月

銀白色の細いひも状の茎葉を分枝させ、一見、針葉樹の小苗のようにも見える。プラチーナともクッションブッシュとも呼ばれるオーストラリア原産の低木で、輝くような銀色はほかの植物にない魅力がある。

高温多湿や寒さは苦手で、冬は軒下で軽い霜除けをするとよい。コンテナ栽培にして夏は半日陰に置き、とくに西日は避ける。日陰ではだらしなく伸びて見る影もなくなるので、夏以外はできるだけ日に当てる。乾燥に強いように見えるがそうでもなく、水切れの状態がわかりにくいので、ほかの草花と一緒に植えたほうが扱いやすい。乾かし過ぎると芽先や葉が黄色く枯れ込む。

銀色の細い枝が分岐して伸びる

グラプトペタルム
オボロヅキ
Graptpetalum paraguayense

ベンケイソウ科
葉　色：🍃
草　丈：10〜15cm
日　照：☀️
耐寒性：❄️❄️❄️
葉の観賞期間：1〜12月
植えつけ時期：5〜7月

中南米原産の多肉植物で、褐色に白い粉をまとった多肉質の葉をロゼット状につけ、乾燥にはきわめて強い。土の少ない石垣やブロック塀に空いた穴などに植えてもよく育つ。温暖な気候と日照を好み、軒下などで軽い霜除けをすれば越冬し、霜や半日程度の積雪にあっても枯れることはない。コンテナや石垣の隙間から20〜30cmの茎を垂らして群生する。

同じような姿の多肉植物には、エケベリア属やセンペルビウム属があるが、前者は寒さで傷む種類が多く、低温期の多湿は禁物。後者は暑さに弱い。

強健でよく殖える'朧月'

クリスタルグラス
フィキニア

Ficinia truncata

カヤツリグサ科

葉　色：🌿
草　丈：5〜10cm
日　照：☀️🌤️
耐寒性：❄️❄️❄️
葉の観賞期間：1〜12月
植えつけ時期：5月、10月

　南アフリカ原産のカヤツリグサの仲間。明るい水はけのよい場所と温暖な気候を好み、冬と真夏は生育が止まる。外見がリュウノヒゲの‘玉竜’に似ているが、リュウノヒゲほど乾燥に強くないので水切れには注意。乾燥して葉が白っぽくなるとほとんど回復しない。また、過湿や風通しの悪い日陰では下葉が黄色くなって見苦しくなる。日当たりは好むが、夏の西日は避けたほうがよい。
　春（5月）と秋（10月）に株分けして殖やせる。根の量が多く分けにくいが、小さく分けると枯れやすいので、株を大まかに分け、根は短く切らないのがポイント。

白い外斑がフリル状につく

スタキス
ラムズイヤー

Stachys byzantina

シソ科

葉　色：🍃
草　丈：10〜20cm
日　照：☀️
耐寒性：❄️❄️
葉の観賞期間：3〜11月
植えつけ時期：3〜4月、10〜11月

　ラムズイヤーの名でも知られるカラーリーフ。株全体を覆う白い軟毛は手触りがよく、初夏に咲くピンクの花も美しいので人気がある。水はけと日当りのよい場所に植えるのがよく、半日陰でも育つが間伸びして白さが半減してしまう。
　生育が早くてよく殖える反面、大株になると内部が蒸れやすいため、美しく育てるには2年おきに株分けする。暖地では梅雨時に株元から腐りやすいので、混み合っているときは傷んだ葉や弱い芽を間引きし、風通しをよくしておく。園芸品種の‘シルバーカーペット’は全体に一回り小さく、よく殖えてカーペット状に広がる。

小さな桃色花が6月に咲く

ディコンドラ

Dichondra argentea

ヒルガオ科

葉　色：🍃
草　丈：5cm・つる
日　照：☀️
耐寒性：❄️❄️❄️
葉の観賞期間：4〜11月
植えつけ時期：3〜5月、9〜10月

　カラーリーフとして利用されるのはアルゲンテア種。‘シルバーフォールズ’は白毛で覆われた茎に灰緑色の小さな葉を茂らせる。細い茎が地面を這って、石組みの隙間など狭い場所にも入り込むので、小さな隙間を埋めるのに重宝する。ハンギングバスケットや寄せ植えのアクセントにも使いやすい。伸び過ぎたら適宜切り戻す。
　日当たりを好み、日陰や水はけの悪い場所ではうまく育たない。寒さにあうと葉が傷むが、ひどく凍らさなければ枯れることはなく、春になれば再び新芽を伸ばす。根の出ている茎を切れば容易に殖やせる。

小さな銀葉‘シルバーフォールズ’

フェスツカ

Festuca glauca

イネ科

葉　色：🍃🍂
草　丈：15〜25cm
日　照：☀️🌤️
耐寒性：❄️❄️
葉の観賞期間：3〜11月
植えつけ時期：3〜5月、9月

　繊細な針状の葉とブルーグレイの葉色が美しく、花穂を伸ばす春の姿も風情がある。いくつか品種があり、どれも似ていて区別は難しいが‘ゴールデンタッピー’は冬季に黄金色の葉色が冴える。
　本来寒冷地の植物で、夏の高温多湿は苦手とする。暖地では、面倒でも梅雨時に枯れた花穂や古葉をつけ根で切り取り、株元をスッキリさせると夏越しが楽になる。初夏に花穂と葉を一気に刈り込むと立ち枯れることがある。また、大株になると株の中心部が蒸れて枯れ、ドーナツ状になりやすいので、2〜3年おきの早春か10月ころに株分けして更新する。

5〜6月に花穂を立ち上げる

ヘリクリサム
Helichrysum

キク科
葉　色：🍃
草　丈：5〜30cm・つる
日　照：☀
耐寒性：❄❄❄
葉の観賞期間：1〜12月
植えつけ時期：3〜5月、9〜10月

　種類が多く、園芸上は花を楽しむグループとシルバーリーフを楽しむグループの二つに大別できる。大きさや姿は千差万別なので、ここでは便宜上シルバーリーフの中でも丈の低い種類を取り上げる。いずれも明るく水はけのよい場所を好み、日陰では間延びして上手く育たない。

　ペティオラレ種は丈夫で、ハンギングバスケットに適したカラーリーフとして広く普及し親しまれている。栽培容易で日陰でも育つが、葉色が緑になってしまうので半日程度の日照は必要。適地では一株が1m四方に広がり、丈も80cmを超える。大株にすると、内部が蒸れて枝だけになるので適宜切り戻す。花壇の縁取りにもよい。斑入りや黄金葉の品種もあるが、若干蒸れに弱い。

　ほかにアルギロフィルム、'ルビークラスター'など小型の種類が流通し、いずれもコンテナなどの寄せ植えや、ロックガーデン、レイズドベットのアクセントに適している。

黄花のアルギロフィルム（上左）と小型品種'スクリュースター'（上右）。下は葉が丸く優しい感じのペティオラレ

プルモナリア
Pulmonaria

ムラサキ科
葉　色：🍃🍃
草　丈：10〜15cm
日　照：🌤
耐寒性：❄❄
葉の観賞期間：1〜12月
植えつけ時期：3月、10月

　常緑・耐寒性のカラーリーフで、早春に青〜赤紫や白色のカップ型の花を咲かせる。シルバーリーフで寒さに強い植物は限られ、とくに大きな葉を持つ種類は少ないためにヨーロッパでは人気がある。反面、耐暑性はあまりないので、日本の西南暖地での栽培は容易ではない。それでも栽培するなら、山野草を植えるような排水のよい用土で鉢植えにし、夏は涼しい日陰で管理する。

　耐暑性は品種間で差があり、'バートラム・アンダーソン'や'ダイアナ・クレア'、'サムライ'などは丈夫で暖地でも庭植えできる。水はけがよく夏に半日陰になる場所を選び、腐葉土を多めにすき込んで植えるとよい。

緑地に銀白色の斑が不規則に入る

ロータス
Lotus

マメ科
葉　色：🍃
草　丈：7〜10cm
日　照：☀
耐寒性：❄❄❄
葉の観賞期間：1〜12月
植えつけ時期：5〜6月

　ベルテロッティ種はカナリア諸島原産のミヤコグサの仲間で、春に咲く深紅の花が銀葉に映えて非常に美しい。自生地では絶滅危惧種に指定されている。枝を長く伸ばすので、コンテナの縁やハンギングバスケットによい。よく似たマクラツス種は花が橙黄色。

　温暖な気候を好むため、冬は凍らない程度の軒下か窓辺、夏は西日を避けた場所に置く。水はけのよい土で水切れに注意して育てるのがコツで、水切れすると葉が黄変してしまう。移植は嫌うが挿し芽が簡単なので小苗をつくって鉢上げしながら育てる。春秋は旺盛に育ち、肥培すれば短期間で大株になる。

炎のようなベルテロッティの花

ブライトカラーのシルバーリーフ図鑑

アガベ
リュウゼツラン

Agave

キジカクシ科
葉　色：🍃🌱🍋
草　丈：10〜300cm
日　照：☀️
耐寒性：〜〜 〜〜〜 〜〜〜
葉の観賞期間：1〜12月
植えつけ時期：4〜9月

アメリカ大陸原産で種類が多く、径10cm前後の小型種から3mを超える大型種まである。温暖な気候と水はけのよい日当たり地を好む。乾燥には強いが耐寒性はさまざまで、−15℃に耐えるものから0℃前後で凍傷をおこすものもあり、戸外に植えるときは注意すること。
　代表的な耐寒性種には、「吉祥天」(灰白色の幅広い葉を整然とつける径60cm前後の強健種)や、「笹の雪」(濃緑の葉に白ペンキで書いたような縦縞を持つ美麗種)などがある。葉先や葉縁に刺があるので手入れの際は皮手袋などを使用する。移植は活着するまでのあいだ軽く日除けをして衰弱を防ぐとよい。

端正な姿の人気品種 '吉祥天'

アラマンダ
アリアケカズラ

Allamanda

キョウチクトウ科
葉　色：🍃
草　丈：15〜50cm
日　照：☀️🌤️
耐寒性：〜〜〜
葉の観賞期間：5〜10月
植えつけ時期：5〜7月

アリアケカズラの仲間で、'シルバードワーフ'はラッパ型の黄花と灰緑色の葉を観賞する品種。灰緑に見える葉は一種の斑入りで、葉の表面に薄い白斑が入っているため全体が白緑色に見える。ほかの草花に覆われても、すぐには落葉しにくいのも特徴で、コンテナや花壇植えでダークカラー系のカラーリーフと組み合わせてもよい。寄せ植えの脇役として重宝する。
　夏の暑さに強く西日にも耐えるが、耐寒性はないので、9月に挿し芽をして小苗をつくり、冬は室内で水を控えめにしながら越冬させる。

灰緑色の葉の'シルバードワーフ'

アルテミシア
ワームウッド

Artemisia

キク科
葉　色：🍃
草　丈：10〜90cm
日　照：☀️
耐寒性：〜〜
葉の観賞期間：3〜11月
植えつけ時期：2〜3月、9〜10月

　シルバーリーフを楽しむヨモギの仲間で、ワームウッドと呼ばれることもある。代表種にアルボレスケンスとその交配種'ポウイスキャッスル'がある。どちらも白毛のある細かく切れ込んだ葉が特徴。前者は直立性で銀白色の葉をつけるのに対し、後者は枝が多く緑白色の葉をこんもりと茂らせる。ほかに長披針形で切れ込みの少ない葉を持つ'シルバーキング'(ルドビキアナ種)や、コモンワームウッドの別名を持つニ

ガヨモギ、カワラヨモギなどもカラーリーフとして利用される。
　丈夫で栽培しやすく、ボリュームがあるので花壇のアクセントにできる。風通しが悪いと内側の葉が蒸れて見苦しくなり、枯れてしまうこともあるので、植えつけには充分株間を取り、混み合った部分は適宜間引くこと。梅雨時前や枝が伸び過ぎたときは、軽く切り戻して姿を整える。冬は葉を落とし、木質化した茎だけになるので、地際付近まで切り戻す。

枝が広がる'ポウイスキャッスル'(上左)と原種のアルボレスケンス(上右)。下はコンパクトな'パルファム　ドゥ　エチオピア'

アンドロポゴン
Schizachyrium scoparium

イネ科
葉 色：
草 丈：30〜60cm
日 照：☀
耐寒性：〜〜〜
葉の観賞期間：4〜11月
植えつけ時期：4〜6月

ブルーグレイの直立葉は軟らかくて手触りもよく扱いやすい。カラーリーフとしても、季節感あふれるオーナメンタルグラスとしても優秀で、1年草やほかのカラーリーフとの相性もよい。コンテナや花壇にちょうどよいサイズなのもうれしい。

春の芽出しは浅葱色だが、次第に青味を帯びた灰緑色に変わる。秋になるとピンク色がかった穂を出し、同時に葉先から紅葉が始まる。丈夫で耐暑性があり、極端な乾燥地でないかぎり土質は選ばない。

人気品種‘プレーリーブルース’

ウェストリンギア
オーストラリアンローズマリー
Westringia fruticosa

シソ科
葉 色：
樹 高：15〜60cm
日 照：☀
耐寒性：〜〜〜
葉の観賞期間：1〜12月
植えつけ時期：4〜5月

オーストラリアンローズマリーとも呼ばれるオーストラリア原産のリーフプランツ。白斑と黄覆輪があり、前者は‘バリエガタ’と‘スモーキーホワイト’、後者は‘モーニングライト’が出回る。日当たりと水はけのよい場所を好み、自然に枝分かれしてこんもりとした姿に育つが、日陰ではだらしなく伸びてしまう。大型のコンテナや、レイズドベッドのアクセントによい。

葉のないところで枝を切ると芽吹きが悪く、ひどいと株が枯れてしまうこともあるので、伸びすぎる前に切り戻して姿を整える。挿し芽が容易なので、更新用の予備苗をつくっておくと安心である。

日当たりがよいと葉色も冴える

オゾタムナス
ライスフラワー
Ozothamnus rosmarinifolius

キク科
葉 色：
樹 高：30〜60cm
日 照：☀
耐寒性：〜〜〜
葉の観賞期間：1〜12月
植えつけ時期：4〜5月

オーストラリア原産。カラーリーフとしては、茎葉に白い毛が密生する‘シルバージュビリー’が栽培される。ほかにも春に白やピンク色のつぼみをつける緑葉の種類は、ライスフラワーと呼ばれて鉢花や切り花に使われる。温暖で乾いた気候を好み、水はけのよい用土でコンテナ植えにし、冬は軒下などで管理する。

本来は低木だが、多湿な日本では5〜6年で株を更新したほうが元気に育つ。春か秋に挿し木するのがよい。直立気味に枝を伸ばすので、苗の小さなうちに摘心し、枝数を増やすとボリュームのある株に育つ。

茎と葉は白い軟毛が密生する

オレアリア
Olearia

キク科
葉 色：
樹 高：20〜40cm
日 照：☀
耐寒性：〜〜〜
葉の観賞期間：1〜12月
植えつけ時期：4〜6月

オレアリア属は、オーストラリアやニュージーランドなどに自生する低木で100種を超える。カラーリーフとしては小型のアキシラリス種が‘リトルスモーキー’の名で流通する。白毛に覆われた細い茎と小さな葉が印象的なシルバーリーフで、過湿に気をつければ栽培容易。ただし日陰では間延びして葉色が悪くなる。伸び過ぎた枝は適宜切り戻して姿を整える。挿し木で容易に殖える。

また、‘シルバーナイト’の名で流通するレピドフィラ種は、細かい枝にウロコ状の葉をつけるユニークなシルバーリーフ。寒さや高温多湿に弱いため、露地栽培は難しく鉢植え向き。

丈夫で育てやすいアキシラリス

カレープランツ

Helichrysum italicum
ssp. serotinum

キク科
葉 色：
樹 高：30〜50cm
日 照：☀
耐寒性：❄❄❄
葉の観賞期間：1〜12月
植えつけ時期：3〜5月、9〜10月

ヘリクリサムの仲間で、茎葉にカレーに似たスパイシーな香りがある。精油成分の多い系統は「イモーテル」という香油を抽出するために南欧で栽培される。

性質は丈夫で、水はけと日当りを好む。枝は直立気味に伸びるが、摘心すればたくさんの脇枝を出してこんもりと育つ。細い枝に線状の葉が茂り、ほどよい草丈があるため、寄せ植えに組み合わせると柔らかい印象になる。よく似た姿で香りのないものにシアンスチャニカム種があり、どちらも春先に淡黄色の小花を咲かせる。香りの有無以外、外見だけでは区別しにくいが、同じ環境で育てると後者のほうが大型に育つ。

株全体にカレーに似た匂いがある

ケントウレア

ピンクダスティミラー
Centaurea cineraria

キク科
葉 色：
草 丈：60〜100cm
日 照：☀🌤
耐寒性：❄❄❄
葉の観賞期間：5〜11月
植えつけ時期：4〜5月、9〜10月

ヤグルマギクの仲間で地中海地方原産の大型のシルバーリーフ。キネラリア種は桃色花を咲かせることからピンクダスティミラーとも呼ばれ、異学名のケントウレア・ギムノカルパの名でも流通する。温暖で水はけのよい土を好み、地植えにすると数年で1m四方に育ち、一枚の葉も30cm以上になるほど旺盛に育つ。夏は葉色がやや緑色になる。流通する苗は小さく仕立てられシロタエギクと紛らわしいが、花を見れば違いは一目瞭然。

葉の切れ込みが浅いアルゲンテア種は黄花で、一年中銀白色に輝く葉が目を引く。成長が穏やかで、草丈も30cm前後と扱いやすいが、夏の蒸れに弱いのが欠点。

アザミに似た花が咲くキネラリア

コトネアスター

Cotoneaster glaucophyllus

バラ科
葉 色：
樹 高：30〜120cm
日 照：☀🌤
耐寒性：❄❄
葉の観賞期間：1〜12月
植えつけ時期：3〜4月、9〜10月

全体に白い短毛に覆われる低木でベニシタンの仲間。茎と葉裏はとくに白い。春に咲く白花と冬の赤い実は小さく、白毛に覆われるため目立たない。

性質は強く、水はけさえよければ土質は選ばない。日当りのよい場所なら茎葉が締まって白さも際立つ。枝数が少ないようなら苗のうちに1、2度摘心するとよい。数年で自然に分岐し、こんもりした樹形になる。刈り込んで整形仕立てにするのも容易だが、葉表ばかり見えて白さは半減する。ある程度は枝を伸ばしながら、込み入った部分だけを間引くようにすると本来の美しさが堪能できる。

霜が降りたような白毛が美しい

コンボルブルス

Convolvuls

ヒルガオ科
葉 色：
草 丈：15〜30cm
日 照：☀
耐寒性：❄❄❄
葉の観賞期間：4〜10月
植えつけ時期：3〜5月

コンボルブルスの仲間のうち、カラーリーフとして利用されるのは2種類ある。クネオルム種は銀白色のへら状の葉で、初夏に白花を咲かせる。低木状に育ち花壇やコンテナのアクセントによい。あまり大きくすると姿が乱れるので、切り戻してコンパクトに育てる。

いっぽうアルタエオイデスは小型の半つる性で、株元の葉は細長くつるには深く切れ込んだ葉をつける。初夏に咲くピンクの花も魅力的でハンギングのアクセントにするか、小さなロックガーデンに向く。どちらも水はけのよい日のよく当たる環境で育てるが、真夏は西日を避けたほうがよい。

桃色花のアルタエオイデス

サントリナ
Santolina chamaecyparissus

キク科
葉　色：
草　丈：30〜50cm
日　照：☀
耐寒性：❄❄❄
葉の観賞期間：1〜12月
植えつけ時期：3〜5月、9〜10月

全体が銀白色の毛に覆われ、初夏には濃黄色のボタン型の花をつける。地中海地方原産で、水はけと日当りのよい場所を好む。

古葉は枯れても茎についたままなので、大株ほど蒸れて枝枯れをおこしやすい。ときどき内部の枯れ葉を取り、伸び過ぎた枝を切りつめて姿を整える。暖地では開花期が梅雨時と重なり、全部咲かせると姿が乱れて回復に時間がかかるので、8分咲き程度で半分ほどの高さに切り戻し、細い枝も整理して風通しよくするとよい。いくつか品種があるが、分岐が多く株姿のよい'ランブロックシルバー'が普及している。

普及品種'ランブロックシルバー'

セネキオ・レウコスタキス
Senecio leucostachys

キク科
葉　色：
草　丈：30〜60cm
日　照：☀
耐寒性：❄❄❄
葉の観賞期間：5〜11月
植えつけ時期：4〜6月、9月

南米アルゼンチン原産のシロタエギクの仲間で、切れ込みの深い銀白色の葉をつける。茎も白毛に覆われてしなやかに伸びて、寄せ植えではほかの植物とよく馴染んで花や葉色を引き立てる。

日陰ではやや広葉になり、葉色も薄くなって魅力が半減する。また、初夏のころ、旺盛に生育する季節も葉色が悪くなるが、しばらくすると元のように白くなる。常緑性で多少の寒さには耐えるものの、あまり寒がらせると春からの回復が遅れるので、凍らない程度の保護は必要。そのかわり暑さには強く、真夏も弱ることはない。

細かく裂けた銀白色の葉が美しい

シロタエギク
ダスティミラー
Senecio cineraria

キク科
葉　色：
草　丈：20〜60cm
日　照：☀
耐寒性：❄❄❄
葉の観賞期間：1〜12月
植えつけ時期：3〜4月、9〜11月

地中海地方原産。温暖な気候を好むが寒さにも比較的強いので、冬花壇の彩りとしてハボタンやパンジーなどとともに植え込まれる。種子から2ヶ月半で商品になり、種子の入手も容易なので、世界中で大量に栽培されるカラーリーフのひとつ。1年草扱いされるが本来多年草なので、日当たりと水はけのよい場所では数年にわたって生育を続ける。

春になると長く茎を伸ばし、短い花弁の黄花をたくさん咲かせる。放置すると下葉から枯れ上がって見苦しくなるので、シルバーの葉色を楽しむのであれば、花芽は早めに切り取ること。

品種としては初期生育の速さやポットでの株姿のよさなどの違いで、'ダイヤモンドダスト'や'シルバーダスト'などが流通するが、外見上はほとんど区別できない。また、広葉が特徴の'シラス'は根強い人気はあるものの、育苗に時間がかかるためか生産量は少ない。

一般的なシロタエギク（上左）は切れ込みが細い。広葉の'シラス'（上右）は間違って「シリウス」と呼ばれることがある

トウテイラン
Veronica ornata

オオバコ科
葉　色：🌿
草　丈：40〜50cm
日　照：☀️🌤️
耐寒性：❄️❄️
葉の観賞期間：4〜11月
植えつけ時期：3〜4月、10月

　日本原産のカラーリーフで、山陰や近畿地方の日本海側にわずかに自生し、絶滅が心配されている。しかし、性質は丈夫で耐寒性もあり、庭植えにしても充分に育つ。白緑色の葉と青い花のコントラストが美しく、小鉢仕立てにして「草物盆栽」としても人気がある。
　日当たりと水はけのよい場所では数年で大株に育って、秋には見事な花が楽しめる。こんもりと茂る葉だけでも観賞価値が高い。半日陰でも育つが、だらしなく徒長してせっかくの美しさを発揮できない。株分けや挿し芽、実生でも殖やすことができる。

夏の青い花は美しく清涼感がある

ドリクニウム
ロータス
Dorycnium hirsutum

マメ科
葉　色：🌿
草　丈：30〜60cm
日　照：☀️
耐寒性：❄️❄️❄️
葉の観賞期間：1〜12月
植えつけ時期：4〜6月、9〜10月

　旧学名のロータスで流通することもある。ヒルスツム種が一般的。新芽がクリーム色に色づく‘ブリムストーン’が広く流通する。細い枝に灰緑色の3つに分かれた葉を密生させ、自然とこんもりとした姿に育つ。
　丈夫で耐寒性もあるので、コンテナなどの寄せ植え材料のほか、ガーデン素材としても扱いやすい。茎が軟らかいので、伸ばし過ぎると雨で倒れて姿が乱れる。適度に切り戻すほうが長く楽しめる。水はけのよい土と日当たりを好み、初夏にシロツメクサに似た白花を咲かせる。最近では、5枚に分かれる細葉のジャーマニカム（ペンタフィルム種）が紹介されている。

夏に白花が咲く‘ブリムストーン’

パニカム
Panicum virgatum

イネ科
葉　色：🌿
草　丈：30〜90cm
日　照：☀️
耐寒性：❄️❄️
葉の観賞期間：4〜11月
植えつけ時期：3〜6月、9〜10月

　アメリカで改良された灰緑葉の観賞用グラス。細身で優しい雰囲気の‘プレーリースカイ’、直立性の‘ヘビーメタル’、銀白色でやや幅広葉の‘ダラスブルー’などがある。ほかにも緑葉で葉先が赤くなる品種もある。穂は出るが、種子では殖えないので雑草化する心配が少なく、葉縁も鋭くないので扱いやすい。
　強健で土質を選ばず、よほどの寒冷地でないかぎりどこでも栽培できる。冬は地上部が枯れるので、新芽の出る前に地際から刈り取る。また、初夏に切り戻せば草丈を低く抑えることもできる。

銀白色の葉の品種‘ダラスブルー’

バーバスカム
シルバームレイン
Verbascum bombyciferum

ゴマノハグサ科
葉　色：🍃
草　丈：20〜120cm
日　照：☀️🌤️
耐寒性：❄️❄️❄️
葉の観賞期間：5〜11月
植えつけ時期：4月、9月

　真っ白なフェルト状の葉を広げるきわめて美しい植物。シルバームレインの名で流通することもある。市販の苗は20cm程度だが、上手に育てれば径50cm、花穂は1mを超え、存在感のある株になる。
　日当たりと水はけのよい土を好み、極端な暑さや寒さは苦手。寒さで葉が多少傷んでも、春になれば急速に回復して美しくなる。蒸れには弱いので株間は充分に取り、株元に泥はね防止のマルチングをするとよい。2年草で花を咲かせると種子を残して枯れる。種子はたくさんできるが細かいので、育苗には注意が必要。

フェルトそっくりの手触りの葉

フィランサス
Phyllanthus

トウダイグサ科
葉　色：
草　丈：20〜40cm
日　照：☀ ⛅
耐寒性：❄❄❄
葉の観賞期間：5〜10月
植えつけ時期：5〜6月

熱帯性のリーフプランツで暑さには強いが耐寒性はない。針金のような細い茎と、葉裏の赤いシルバーリーフが特徴で、寄せ植えなどに加えるとシックな雰囲気をかもし出す。放任でこんもりと茂って形よく育つが、移植を嫌うのでポット苗を植えつけた後はそのままにする。適湿地であれば日向から半日陰まで幅広く利用できる。

夏の間、細い枝に小さな目立たない花と実をつける。自然にタネをこぼし、翌年5〜6月にあちこちから実生苗が生えることもある。小苗の間は、根を切らないよう注意すれば植替えも可能。

羽状の銀白葉品種 'フェアリー'

ブラキグロティス
Brachyglottis

キク科
葉　色：
草　丈：15〜60cm
日　照：☀
耐寒性：❄❄❄
葉の観賞期間：5〜11月
植えつけ時期：4〜5月、9月

ニュージーランド、タスマニア原産で、40種ほどの野生種が知られる。3mを超える大型種もあるが、園芸上は小型の低木状に育つグレイ種が利用され、近縁のセネキオ属として扱われることもある。若い茎と葉裏はフェルト状の白毛に覆われ、葉の表も主脈と葉の縁は白く縁どられるため独特の存在感がある。温暖な気候を好み、痩せた土地でも育つが、低温の過湿は根腐れを招きやすいので注意。

園芸品種がいくつかあり、'サンシャイン'は丈夫で比較的耐寒性もあって栽培しやすく、'ドリスデイール'はやや矮性で葉の縁が細かく波打つのが特徴。

さじ形の白銀葉 'サンシャイン'

プレクトランサス
シルバープレクトランサス
Plectranthus

シソ科
葉　色：
樹　木：50〜100cm
日　照：☀
耐寒性：❄❄❄
葉の観賞期間：5〜11月
植えつけ時期：5〜6月、9月

種類が多く、大型で低木状に育つものには灰白葉のアルゲンタツスのほか、斑入り葉のバルバツス、フォステリがあり、丈低く広がる種類にはキリアータス、マダガスカリエンシスなどがある。

温暖で水はけのよい適湿地でよく育つ。アルゲンタツスは、日に当てて乾き気味に栽培すると葉の白さが際立ち、日陰では緑になって魅力が半減する。斑入り品種は、夏の直射光では葉が傷むが、順次慣らすと大丈夫なものもある。また、肥料切れや乾燥が続くと新葉が小さくなり下葉も落ちるので、定期的に追肥するとよい。

大型種のアルゲンタツス

モクビャッコウ
Crossostephium chinense

キク科
葉　色：
樹　高：20〜80cm
日　照：☀
耐寒性：❄❄❄
葉の観賞期間：1〜12月
植えつけ時期：3〜4月、10月

日本の南西諸島から東南アジアにかけて分布する低木で、海岸のサンゴ礁が風化したような場所に生えている。日当たりと水はけのよい場所でよく育ち、凍るような寒さや寒風にあうと枝枯れをおこす。暖地では1m四方の大株になる。

春から夏にかけての旺盛に生育する季節は、葉色が緑で別種のように見えるが、秋になって生育が落ちつくにつれて白い葉に変わる。初夏に挿し芽をして秋まで育てると、シクラメンやプリムラと寄せ植えにするのにちょうどよい大きさの苗になる。

葉の切れ込みが季節で変化する

ユーフォルビア
Euphorbia

トウダイグサ科
葉　色：🍃🍃🍋
草　丈：10〜100cm
日　照：☀️🌤️
耐寒性：❄️❄️ ❄️❄️❄️
葉の観賞期間：1〜12月
植えつけ時期：3〜5月、10月

　非常に種類が多いので、ここでは露地植え可能な耐寒性の宿根草を紹介する。カラーリーフとしては、大型種のカラキアスとウルフェニーが代表で、春から初夏にかけてアジサイに似た黄緑色の花房をつける。
　丈夫でボーダー花壇に混植するほか、単独でも存在感がある。白斑入りの品種に'シルバースワン'や'タスマニアンタイガー'があり後者はとくに華やかだが、高温多湿で枝枯れをおこすので、暖地では西日を避けた場所に植える。
　丈低い種類にリギダやミルシニティス、落葉性でマツバトウダイの名があるキパリッシアスなど。いずれも乾燥に強く、灰白の葉は大型のセダムのような雰囲気がある。
　いずれも水はけのよい土地を好む。適地では地下茎のほかこぼれダネでも殖える。開花した茎は衰えるので、根元から切って更新する。挿し芽は切り口の乳液をよく洗って挿すが、有毒なので手もよく洗うこと。

花房の美しいウルフェニー（上左）と松葉に似た葉のキパリッシアス（上右）。下は丈の低いミルシニティス

ラゴディア
ホワイトソルトブッシュ
Einadia hastata

ヒユ科
葉　色：🍃
草　丈：50〜100cm
日　照：☀️🌤️
耐寒性：❄️❄️❄️
葉の観賞期間：1〜12月
植えつけ時期：5〜6月

　先が三角の矢じり型の葉と直線的に伸びる枝が特徴のシルバーリーフ。脇枝はあまり伸びないので、独特のシルエットとなる。オーストラリアの東海岸付近に自生し、地植えにすると1m以上に育ち、枝が不規則に分かれてバランス悪くなりやすいので、ある程度切りつめて丈を低くし姿を整えるとよい。ラゴディアは旧属名で'ホワイトソルトブッシュ'と呼ばれることもある。
　乾燥には強く、肥料切れや低温で生育が鈍り、古葉から赤みを帯びてくる。しばしば冬の寄せ植えに使われるが、生育期ではないので手荒に扱うと枯れてしまうこともある。

鉢やコンテナ植えに向いている

リシマキア・アトロプルプレア
Lysimachia atropurpurea

サクラソウ科
葉　色：🍃
草　丈：30〜50cm
日　照：☀️
耐寒性：❄️❄️
葉の観賞期間：4〜11月
植えつけ時期：3月、9〜10月

　リシマキア'ボジョレー'の名で春に花つきの苗や鉢花が流通する。灰緑色の茎葉と赤紫の花のコントラストがシックな印象で、ダークカラーのリーフプランツと組み合わせるといっそう引き立つ。
　多年草だがやや暑がり、暖地では梅雨明けごろに弱りやすい。早めに花茎を切って株の負担を軽くし、株元から新芽を出させると夏越ししやすくなる。鉢植えなら夏は半日陰に移動し、庭植えなら夏に半日陰になる場所に植える。秋涼しくなって元気が回復したら、株分けして苗を更新するとさらによい。寒冷地では夏の間繰り返し咲き、秋まで花を楽しめる。

赤紫色の花穂が葉色に映える

エキウム・ウィルドプレティー

ツリージャーマンダー
Echium wildpretii

ムラサキ科
葉　色：🍃
草　丈：1〜1.5m
日　照：☀
耐寒性：❄❄❄
葉の観賞期間：4〜10月
植えつけ時期：10〜11月上旬

カナリー諸島原産の大型の2年草。若い株は細い灰白葉をロゼット状に百枚以上つける。冬のリーフプランツとしても楽しめ、春には1m以上の花穂を伸ばし、千輪を超えるサーモンピンクの花を咲かせる姿は圧巻。

自生地は温暖だが標高の高い場所なので、栽培するには冬よりも夏の管理に注意が必要。乾燥に強いように見えるが水切れには敏感で、一度乾かすと葉先が枯れ込み回復に時間がかかる。早春に実生して水はけのよい用土で育苗し、梅雨時から9月までは雨ざらしにしないよう鉢植えで管理、10月中に寒風を避けられる場所に定植すれば急速に生育する。

銀白葉の上に花穂が立ち上がる

テウクリウム

ツリージャーマンダー
Teucrium fruticans

シソ科
葉　色：🍃
樹　高：40〜120cm
日　照：☀🌤
耐寒性：❄❄
葉の観賞期間：4〜11月
植えつけ時期：3〜4月

灰緑色の小さな葉と白い茎が印象的で、初夏に水色の花をたくさん咲かせる。半常緑の低木で耐寒性が強く、暖地では冬もカラーリーフとして楽しめる。日向の水はけのよい場所を好む。

かならずしも生育の早い植物ではないが、徒長枝が出やすいので、放任すると雑然とした樹形になりやすい。ときおり切り戻して姿を整えるとよい。時間をかけて刈り込めば枝葉が密に茂るので、生垣や幾何学的なトピアリーなどに仕立てても面白い。挿し木で容易に殖える。

青白い枝葉が特徴的な茂みになる

フォサーギラ

シロバナマンサク
Fothergilla major

マンサク科
葉　色：🍃
樹　高：1〜1.5m
日　照：☀
耐寒性：❄❄
葉の観賞期間：5〜11月
植えつけ時期：2〜3月、11〜12月

北アメリカ原産のマンサクの仲間で、シロバナマンサクと呼ばれることもある。'ブルーミスト'は葉の表面を白粉が覆い、ブルー系のギボウシに似た葉色をした独特のカラーリーフ。灰青色の葉は春から初夏にかけて美しく、梅雨どき以降は白粉が薄れて明緑色に変わる。早春に咲くブラシ状の純白花や秋の紅葉なども魅力的で、四季折々楽しめる花木である。

水はけのよい適湿地を好み、病害虫もほとんどなく育てやすいが、やや暑がるので暖地では西日を避けた場所に植えるのがよい。

青白い葉色の'ブルーミスト'

ブッドレア

フジウツギ
Buddleja

ゴマノハグサ科
葉　色：🍃
樹　高：1.5〜2m
日　照：☀
耐寒性：❄❄❄
葉の観賞期間：5〜11月
植えつけ時期：3〜4月

ブッドレア（フジウツギ属）の仲間は、夏の花木としてダビディ系の品種が普及し、カラーリーフとして利用できる斑入り品種もある。しかしここで紹介する'シルバーアニバーサリー'は、アジア原産のクリスパとアフリカ原産のロリカータを交配して生まれた、これまでにないタイプの品種で、茎葉が真っ白な綿毛に覆われる。半常緑性なので、暖地では冬のカラーリーフとしても楽しめる。

在来種同様、水はけと日当りのよい場所でよく育ち、どこで切ってもよく芽を吹くので、樹形のコントロールも容易。夏には香りのよい白花をつける。

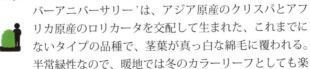

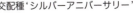

交配種'シルバーアニバーサリー'

ホワイトセージ
Salvia apiana

シソ科
葉　色：◖
草　丈：40〜150cm
日　照：☀
耐寒性：〰〰〰
葉の観賞期間：5〜11月
植えつけ時期：4〜5月

大型のサルビアの一種で、白いワックスで覆われた株全体には強い芳香がある。ネイティブアメリカンの人々は神聖な植物として大切にし、神様を祭る儀式には欠かせないものとしていた。

カリフォルニアからメキシコにかけての温暖で乾いた場所に自生するため、乾燥する暑さは問題ないが長雨には注意する。大きくなると2m近くなるが、倒れやすくなるので1m前後に仕立てるほうが扱いやすい。コンテナ栽培や水はけのよいレイズドベッド、南に面した壁ぎわなどに植えるとよい。直立性で横枝をあまり出さないので、20cmほどになったら摘心して株立ちにするとよい。

強い芳香を部屋の浄化などに利用

メリアンサス
Melianthus major

メリアンサス科
葉　色：🍃
草　丈：40〜60cm
日　照：☀◨
耐寒性：〰〰〰
葉の観賞期間：4〜11月
植えつけ時期：4〜5月、10月

太い茎に灰緑色の巨大な羽状複葉をつける宿根草。初夏に長い花穂を伸ばし、変わった形の赤茶色の花を咲かせる。存在感は抜群で、大きなコンテナや花壇の背景に一株植えると注目を集めることは間違いない。茎葉にはゴマに似た独特の香りがある。

日当たりと水はけのよい適湿地を好み、条件が合えば生育は早い。花の咲いた古枝は切り戻すようにし、地際から新芽を出させるとよい。南アフリカ原産で耐寒性もあり、関東以西では冬の北風を防ぐ程度で越冬する。繁殖は実生のほか株分けもできる。

巨大な羽状のシルバーリーフ

アカシアの仲間
Acacia

マメ科
葉　色：🍃
樹　高：3〜5m
日　照：☀
耐寒性：〰〰〰
葉の観賞期間：1〜12月
植えつけ時期：3月、10月

アカシアの仲間はアフリカやオーストラリアの熱帯、亜熱帯を中心に600種ほどが知られる。日本では耐寒性のあるギンヨウアカシア、サンカクバアカシア、パールアカシアなどが植栽される。なかでもギンヨウアカシアは「ミモザアカシア」などと呼ばれ、春に純黄色の花が枝一面に咲く様子が好まれる。本種には新芽が紫色を帯びる'プルプレア'や、黄金葉の'ピュアゴールド'などの品種がある。

水はけのよい場所に地植えするのが一番で、鉢植えでは枝数が増えずヒョロヒョロになる。貧弱な苗木でも地植えすれば数年で立派な木に育つが、根が粗くて大株の移植は難しいため、植え場所はよく考えて決めること。強風で枝が折れたり根元から倒れることもあるので、伸び過ぎた枝は花後すぐに切り戻し、混み合う枝は間引く。太い枝を途中で切ると枯れ込むことがあるので、枝の分かれ目で切るようにする。

アカシアの中でもっとも植栽の多いギンヨウアカシア（上左）と新芽が紫色の品種'プルプレア'（上右）。下はサンカクバアカシア

シルバーの アザーカタログ

＊項目として紹介できなかったもの、
ほかの色で項目として
取り上げたものを掲載。
→は項目または解説のあるページ。

アジュガ‘グレイレディー’

葉の表面に薄く銀白色の斑が入って全体が灰緑色に見える。ときおり濃緑の地色がモザイク状に入ることもある。匍匐枝で旺盛に広がり、5月ごろ青花を咲かせる。→ P77

ギボウシ ‘ハズペンブルー’

青緑色の葉の表面に白い粉（ワックス）があって灰青色に見えるギボウシをブルー系品種と称する。小型から大型まで多くの品種があるが、本種はとりわけ色と姿がよい。このグループは春から初夏が最も美しく、日射はあまり強くないほうが葉色がよい。梅雨の雨で白粉が洗い流され、灰青色の葉が青緑色になるのが難点。→ P42

ギンドロ

生育が早く小さな苗木が数年で4〜5mになる。黄金葉の品種‘リカルディ’もある。暖地ではカミキリムシなどの被害が多い。→ P111

グミ ‘クイックシルバー’

若い茎と葉裏に白毛が密生して銀白色に見える。生育が早く、いったん根づけば乾燥にも耐える。→ P48

ツノゲシ

水はけと日当たりのよい場所を好み、過湿を嫌う。ケシに似た黄〜橙赤色の花を咲かせ、果実が細長く角のよう。比較的短命なので種子を播いて苗を更新する。→ P111

ヒューケラ‘シルバースクロール’

緑褐色の葉脈の間が銀灰色となる銀葉系品種のひとつで、シックな色調に人気がある。→ P85

バロータ

柔らかな白毛に覆われた葉を茂らせる。花は葉の腋にかたまって着き、丸い萼が可愛らしい。蒸れと過湿を嫌う。→ P110

ブラシカ類 ブラックケール

本来食用だが、凸凹のある細長い葉を観賞するために栽培される。寒さに強いが、アオムシなどの食害に注意する。→ P86

ユッカ・ロストラータ

太い幹に多数の葉を茂らせるユッカで、生長は遅いが寒さには強い。充分根づくまで低温期の過湿に注意する。→ P46

Part 5

高さ順に見る　存在感ある葉色
ダークカラーの
ブロンズ＆ブラック＆レッドリーフ図鑑

カンナ'ダーバン'とペニセツム、赤ジソ

アジュガ

セイヨウキランソウ

Ajuga reptans

シソ科

葉　色：

草　丈：5〜20cm

日　照：

耐寒性：

葉の観賞期間：4〜11月

植えつけ時期：3〜5月、10〜11月

近年、これまでの緑葉や斑入り葉に加えて、より葉色の濃い品種やシルバーリーフ、黄金葉など、バラエティ豊かな品種が数多く紹介されている。'ブラックスカロップ'は光沢のある黒い丸葉、'チョコレートチップ'は小さなスプーン状の葉で、どちらもコンパクトで丈夫、コンテナや小花壇に向く。

暖地では夏に葉焼けしやすいので、なるべく半日陰の適湿地に植えたい。'カトリンズジャイアント'は花穂が普通種の倍以上ある大型種で、見映えはするが暖地ではやや暑がる。赤系の葉色は直射光や寒さで濃くなる。初夏に多数のランナーを伸ばし子株をつける。

丸葉の'ブラックスカロップ'

ウンキニア

ウンシニア

Uncinia rubra

カヤツリグサ科

葉　色：

草　丈：20cm

日　照：

耐寒性：

葉の観賞期間：1〜12月

植えつけ時期：4〜5月、9〜10月

つやつやと光沢のある赤茶色の葉がひときわ目を引く美しいグラス。春は赤みが強く、秋冬は黒っぽい茶色に変わる葉色が魅力的。原産地はニュージーランドで、温暖かつ夏は涼しい気候に育つため、夏の蒸れや乾燥、冬の寒さを苦手とするなど多少気難しい。

庭植えよりもコンテナなどに水はけのよい用土で植え、夏は半日陰、冬も水切れさせないように管理するのがよい。暖地で簡単に育てている人もいるので、一度は挑戦する価値のあるグラスのひとつ。

金属光沢のある赤葉が美しい

オオバコ

赤葉オニオオバコ

Plantago major

オオバコ科

葉　色：

草　丈：10〜30cm

日　照：

耐寒性：

葉の観賞期間：4〜11月

植えつけ時期：3〜5月、9〜11月

厚紙でできたような質感の赤褐色の葉を広げるカラーリーフ。赤葉オニオオバコの名で出回るが、厳密にはセイヨウオオバコの赤葉品種で、欧米の花壇ではよく見かける。日本在来のオオバコより二回りほど大きい。葉色は赤みの強い褐色で、春から初夏までと秋の葉色は深みがあって目を引く。日向から日陰までどこでも育つが、日陰では葉が緑色がかって美しくなくなる。

性質は強く、こぼれダネで殖えて雑草化することもある。ただし宿根草としては比較的短命なので、丈夫だからといって放任するといつのまにか消えてしまう。

ヨーロッパ原産で在来種より大型

オオバジャノヒゲ

Ophiopogon planiscapus

キジカクシ科

葉　色：

草　丈：10〜20cm

日　照：

耐寒性：

葉の観賞期間：1〜12月

植えつけ時期：3〜4月、9〜10月

光沢のある黒葉の'黒竜'はカラーリーフの中で最も黒い葉色をした植物。常緑で寒暑乾燥いずれにも強く、栽培容易。欧米では大量に生産され、グラウンドカバーのほか、1年草の花壇にも多用されるなど、これほど世界中で愛されるリーフプランツは多くはない。

初夏に薄桃色の花を咲かせ、黒緑色の丸い実をつける。新芽は明るい緑に褐色が混じったような色だが、間もなく黒に変わる。株は地下茎を伸ばしながら殖えていく。生育は比較的遅いので、植えつけ初年度は根が張るまで乾燥に注意する。

世界中で利用される'黒竜'

オキザリス

Oxialis

カタバミ科
葉　色：🍃🍃🍂🍃
草　丈：10〜30cm
日　照：☀️
耐寒性：〽️〽️〽️
葉の観賞期間：3〜11月
植えつけ時期：3月、9月

　カタバミの仲間で、アフリカや南米を中心に800以上の野生種がある。形状はさまざまだが、カラーリーフとしてはブラジル産のトリアングラリス（＝レグネリー）や、南アフリカ産のプルプレア（＝バリアビリス）など、球根性の銅葉品種が利用される。前者の濃紫色の葉をした品種には‘紫の舞’、‘ファニー’、‘アトロプルプレア’などがあり、花は白〜淡桃色で地下には細長いイモムシ状の球根を持つ。後者は赤紫葉の品種‘サンラック’、‘パープルドレス’、‘ガーネット’が流通するが、いずれも桃花で外見からの区別は難しい。球根は薄皮をかぶった球状。

　前者は春から秋にかけて生育し冬は休眠、後者は秋から春に生育し夏は落葉休眠する。どちらも日当りと水はけのよい場所でよく育つ。丈夫で栽培しやすく、初心者でもまず失敗することはない。なおトリアングラリスは多少の日陰でも葉色が褪せないので、庭の下草にも好適。

特徴のある三角形葉のトリアングラリス（上左）と褐色葉品種の‘マイケ’（上右）。下はプルプレアの桃色花品種‘パープルドレス’

クローバー

シロツメクサ

Trifolium repens

マメ科
葉　色：🍂🍂🍂🍃
草　丈：10〜20cm・つる
日　照：☀️
耐寒性：〽️〽️
葉の観賞期間：1〜12月
植えつけ時期：3〜5月、9〜11月

　シロツメクサの品種で、赤褐色や灰褐色などシックな葉色に白、もしくは赤紫の花をつける。近年葉色のバリエーションが増えたこともあって、寄せ植え材料などでよく使われる。原種は牧草としても使われる宿根草で生育が早く、地を這って伸びる茎からところどころ根を下ろして広がる。

　園芸品種は多少生長が遅いが、広がるスペースがあると機嫌よく育つ。もともと寒冷地向きの植物なので、寒さに強い反面、暖地では夏は半休眠となり、しばしば落葉する。冬は草丈を低くして休眠し、春と秋に旺盛に生育する。生育期は日当たりを充分に、夏は半日陰がよい。

黒葉の赤花品種

シャスラ

キャスラ

Cyathula prostrata

ヒユ科
葉　色：🍂🍂🍃
草　丈：5〜30cm
日　照：☀️
耐寒性：〽️〽️〽️
葉の観賞期間：4〜11月
植えつけ時期：5〜8月

　赤褐色のマットな質感の葉を持つ基本種のほか、オレンジや赤〜黄色の斑点の入った斑入り品種がある。丈夫で暑さに強く、生育が早いのが取り柄で、短期間で地面を覆いたいときには重宝する。適度な水分があれば土質を選ばず、真夏でもぐんぐん伸びて節から根を下ろしカーペット状に茂る。

　乾燥や肥料切れでは生育が鈍るものの、いったん根づけば夏の間はまず枯れない。斑入り品種は若干デリケートで下葉が枯れることもあるが、気にするほどではない。挿し木繁殖は容易。赤葉の基本種はイレシネ‘パープルレディー’の名でも流通する。

グラウンドカバーに最適

セトクレアセア

ムラサキゴテン

Tradescantia pallida

ツユクサ科

葉　色：
草　丈：10〜30cm
日　照：☀
耐寒性：⚡⚡⚡
葉の観賞期間：5〜11月
植えつけ時期：4〜6月

メキシコ原産のツユクサの仲間。鮮やかな紫の葉色は独特で、ほかにない色彩。ピンク色の花との相性もよい。生育環境によって草姿がかなり変わりまったく違う印象になる。肥沃で水分が多いと茎葉が長く伸びて草丈40〜50cmになるが、乾燥した痩せ地では1/3ほどにしかならない。

伸びすぎた場合は適宜切りつめるとよい。生育期であれば強く切ってもすぐ回復する。暖地では半常緑性だが、寒冷地では軒下や室内で保護する。地上部は枯れても翌春芽を出してくる。本来、温暖な乾燥地の植物なので、水切れ乾燥にはきわめて強い。反対に冬の過湿は禁物。

代表品種の'パープルハート'

ニガナ

黒葉ニガナ　烏葉ニガナ　Ixeris dentata

キク科

葉　色：
草　丈：10〜25cm
日　照：☀
耐寒性：⚡⚡
葉の観賞期間：4〜10月
植えつけ時期：3〜5月

日本各地に広く分布する多年草で、いろいろな変種がある。園芸的には葉色が黒いものを黒葉ニガナ、烏葉ニガナと呼んで珍重する。初夏から秋まで細長い花茎を伸ばし、黄花を咲かせる。

性質は強く、適地ではこぼれダネで雑草化するほどだが、本来野草なので環境が合わないと消えてしまう。縁石のきわなど、日当りと水はけはよいが株元が陰になるような場所によく生える。ムラサキニガナの名前で流通することもあるが、これは紫花を咲かせる別の大型野草の名で紛らわしい。また、沖縄伝統野菜の「ニガナ（ンジャナ）」もニガナとは無関係でホソバワダンが正式名。

初夏に小さな黄花を咲かせる

ヘミグラフィス

Hemigraphis

キツネノマゴ科

葉　色：
草　丈：5〜15cm
日　照：☀
耐寒性：⚡⚡⚡
葉の観賞期間：5〜10月
植えつけ時期：5〜8月

金属的な光沢を持つ暗褐色の葉が魅力の熱帯植物。真夏に旺盛に生育し、ほかの草花が暑さで弱っているときに真価を発揮する。

いずれも直射日光のよく当たる肥沃な場所に植えると鮮やかな葉色が楽しめる。多少は間延びするが日陰にもよく耐えるので、夏用の下草としても利用価値が高い。水分は好むが低温期の過湿には注意する。秋になると急に生育が鈍り、切り戻しても冬まで回復しないこともあるの

で、手入れは夏の間にすませる。

アルテルナータ種は鈍く光る銀色を帯びた丸葉で、やや茎が伸びやすいため、広めのグラウンドカバーに向く。逆にレパンダ種は黒褐色の細葉で、茎がそれほど伸びないので小さなスペースに向く。葉の凸凹が独特の質感が面白いエキゾチカ種は前2種の中間サイズで、姿が乱れにくい特徴がある。

金属光沢のある美しい丸葉のアルテルナータ（上左）と細長い葉のレパンダ（上右）。下は葉の表面に凹凸のあるエキゾチカ

ワイヤープランツ
ミューレンベッキア
Muehlenbeckia

タデ科

葉　色：
草　丈：5～10cm
つ　る：0.5～3m以上
日　照：☀🌤⛅
耐寒性：〰〰〰
葉の観賞期間：1～12月
植えつけ時期：4～6月、9～10月

褐色の細いつるが絡みながら育つことからワイヤープランツの名がある。ニュージーランド原産で、赤褐色のつるが旺盛に伸びる。つるにならず木立ち状になるアストニィ種もあるが流通量は少ない。

日陰で軟弱に育った苗を除き、非常に強健で手荒に扱ってもまず枯れない。日向から日陰までどこでも育ち、水はけのよい土を好む。ポット苗は寄せ植えの隙間を埋めるのに使われ、橙色のスポットの斑入り品種もある。庭植えにすると徒長枝を盛んに伸ばし、樹木や生垣、ブロック塀の隙間などいたるところで繁茂する。低く刈り込んで、グラウンドカバー状に仕立てるのも面白い。

斑入り品種 'スポットライト'

アカリファ
Acalypha wilkesiana

トウダイグサ科

葉　色：
草　丈：30～100cm
日　照：☀
耐寒性：〰〰〰
葉の観賞期間：5～11月
植えつけ時期：5～7月

太平洋諸島原産の熱帯植物で、アカリファといえば赤い花穂のキャッツテールが一般的だが、カラーリーフ用のウィルケシアナ種の品種も多数ある。銅葉でピンク色の斑が不規則に入る'ムサイカ'や、葉が丸くよじれる'ホフマンニイ'、クリーム色の斑で緑葉の'ジャワホワイト'などは大型で1m前後に育つ。家庭用には、ポット苗でも市販される矮性種が使いやすい。

性質は丈夫で夏の間、水と肥料切れに注意すれば土質を選ばない。生育スピードは比較的ゆっくりで、コリウスとクロトンの中間くらいである。冬は10℃以上の室内で水を控えめにして越冬させる。

縁にフリルの入った赤葉品種

アメリカイワナンテン
セイヨウイワナンテン
Leucothoe

ツツジ科

葉　色：
樹　高：30～80cm
日　照：☀
耐寒性：〰〰
葉の観賞期間：1～12月
植えつけ時期：4～5月、10月

北米原産の常緑低木で冬の紅葉が美しい。日本の山地に自生するイワナンテンより丈夫で、市街地の緑化用にも植えられる。小葉で深みのある暗赤色に紅葉する'コーラルレッド'、小型の白斑で赤い新芽がきれいな'トリカラー'、白散り斑で冬はピンクを帯びる'レインボー'などの品種がある。グラウンドカバーや下草などのほか、小型種は草花と組み合わせて冬の寄せ植えにもよい。

水はけのよい適湿地を好むもののある程度の乾燥に耐え、日向から日陰まで幅広く適応する。ただし、暖地では乾燥地や夏に西日の当る場所は生育が思わしくないので避ける。

赤く紅葉する 'コーラルレッド'

イレシネ
マルバビユ　ケショウビユ
Iresine

ヒユ科

葉　色：
草　丈：20～40cm
日　照：☀
耐寒性：〰〰〰
葉の観賞期間：5～10月
植えつけ時期：5～7月

黒味を帯びた褐色葉に鮮紅色の葉脈が浮かび上がるリーフプランツ。葉先の尖るリンデニーと丸くなるヘルブスティーがあり、後者はマルバビユの日本名もある。リンデニーは枝がよく伸びるので、早めに摘心して枝数を増やしておくとまとまりのよい姿に育つ。

葉色は肥料や日当たり、温度などで微妙に変化し、日陰で育てると間延びして色も悪い。暑さには強いが、乾燥や過湿で根が傷み生育が悪くなることがある。日当たりと水はけのよい場所に植え、乾いたら充分に灌水して育てる。

濃い色の脈が入る

アルテルナンテラ
赤葉センニチコウ
Alternanthera

ヒユ科
葉　色：
草　丈：30〜50cm
日　照：☀
耐寒性：
葉の観賞期間：5〜11月
植えつけ時期：5〜7月、9月

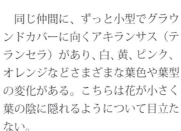

　赤褐色の葉をした熱帯性の多年草で、暑さには強く、水分と肥料があればぐんぐん育つ。高温期は挿し芽から約1ヶ月で花壇植えできるほど急速に生育する。病害虫はほとんどないが乾燥すると生育が悪く、日陰では葉色が緑となって美しくない。ピンクの斑入り品種'ピンクスプラッシュ'、'コタキナバル'があって、葉の大小や斑の入り方に若干の違いがある。秋遅くに白いセンニチコウに似た小花を咲かせる。

　同じ仲間に、ずっと小型でグラウンドカバーに向くアキランサス（テランセラ）があり、白、黄、ピンク、オレンジなどさまざまな葉色や葉型の変化がある。こちらは花が小さく葉の陰に隠れるようについて目立たない。

　どちらの種類も寒さには弱く霜に当たると途端に黒く変色する。冬越しには最低15℃以上必要。

人気品種の'ピンクスプラッシュ'（上左）と'コタキナバル'の花（上右）。下は同じ仲間でより矮性のアキランサス

ガウラ
ハクチョウソウ
Gaura lindheimeri

アカバナ科
葉　色：
草　丈：40〜100cm
日　照：☀
耐寒性：
葉の観賞期間：4〜11月
植えつけ時期：3〜4月、10〜11月

　北アメリカ原産で、本来は1.5mほどに育つ宿根草だが、草丈50cm前後の矮性品種や、紅桃色の花を咲かせる赤花品種がいくつも出ており、イメージが変わりつつある。なかでも、赤花矮性品種は新芽が暗赤色に色づくものが多く、カラーリーフとしても利用できる。

　性質は強く、日当たりさえよければ土質も選ばずよく育つ。丈が伸びて姿が乱れたら適宜切り戻す。代表的なものには矮性の'フェアリーズソング'や、極矮性の'リリポップ'などがあって、初夏から晩秋までは花も楽しめる。シルバーリーフとの組み合わせがおすすめで、花も葉も引き立て合う。

矮性品種の'フェアリーズソング'

クリナム
Crinum

ヒガンバナ科
葉　色：
草　丈：30〜40cm
日　照：☀
耐寒性：
葉の観賞期間：6〜10月
植えつけ時期：5〜6月

　ハマユウの仲間で、以前から銅葉のクリナムはあったが、1mを超える大型で家庭向きではなかった。銅葉品種'メネフネ'は1/3ほどの小型で株立ちになり、初夏から秋まで安定した葉色が楽しめる。夏から秋に淡いピンク花が一輪ずつ咲く。

　栽培は温度さえあれば容易で水分を好む。鉢植えは夏じゅう腰水につけたままでよく、露地植えにするならあまり乾燥させないこと。耐寒性はないので冬越しは10℃以上の室内。庭植えは10月末には鉢に移し、水を控えて落葉休眠させ12〜3月は水やりを中止して乾かす。4月から徐々に灌水を増やして目覚めさせる。

メネフネはハワイの伝説上の妖精

カプシカム
トウガラシ

Capsicum

ナス科
葉　色：🍃🍃🍃
草　丈：40～100cm
日　照：☀
耐寒性：〰
葉の観賞期間：6～11月
植えつけ時期：5～9月

黒紫色の葉や斑入りを楽しむトウガラシの仲間で、夏から秋の花壇やコンテナに重宝する。'ブラックパール'はほとんど黒に近い濃紫色の葉の品種で、丸い実が紫から赤に色づく。'パープルフラッシュ'は小さな紫葉にピンク色がかった白斑が入り、円錐形の小さな実をつける。

本来多年草だが、種子から簡単に育てられるため1年草扱いする。実生なので斑や葉色には多少の個体差がある。はっきりした葉色の苗を選ぶのが基本だが、白斑系統の品種は、斑が多い個体は生育が遅いので注意する。放任でも姿はまとまるが、苗によっては間延びするので、適宜切りつめるとよい。肥料が切れると葉色が悪くなって下葉が枯れ上がる。

トウガラシなので果実を口に入れたり、触った手で目に触れると激しく痛むので注意。赤く熟した果実から種子を採り、翌春苗を育てることもできる。生育には充分な温度が必要なので、5月過ぎに播くこと。

'ブラックパール'の黒い真珠のような果実は紫から赤く熟す（上2点）。下は色のにぎやかな'パープルフラッシュ'

カレックス

Carex

カヤツリグサ科
葉　色：🍂🍂🍂
草　丈：20～60cm
日　照：☀ 🌤
耐寒性：〰
葉の観賞期間：1～12月
植えつけ時期：3～4月、9～10月

ブロンズカラーのカレックスは草花やほかのカラーリーフとの相性がよく、一株加えるだけでシックで落ち着いた雰囲気を演出できる。一見、似たような葉色だが、種類や品種によって、株の大きさやシルエット、色彩やトーンなどの違いもある。

代表のコマンス種は20cm前後の小型種で早くからドーム状に茂り、やがて地表を覆うように葉を広げる。品種には明るい茶色の'ブロンズ（ブロンズカール）'や白緑色の'フロステッドカール'など。やや大型のブキャナニー種とフラゲリフェラ種は50cm前後の半球形に茂り、若苗は直立性。前者は茶色、後者はくすんだ橙色の混じる深緑色となる。

いずれも栽培は容易で、日向で水はけさえよければ土質は選ばない。葉色からは弱っているかどうか判断しにくいので、植えつけ当初は水切れに注意する。大株になって姿が乱れてきたら、葉を株元近くで刈り取ると、新芽が伸びて姿よく再生する。

ブキャナニー（上左）とフラゲリフェラ（下）。上右はコマンスの品種'ブロンズ'で葉がカールするので別名'ブロンズカール'とも

キンギョソウ
スナップドラゴン

Antirrhinum

オオバコ科

葉　色：
草　丈：20〜60cm
日　照：☀
耐寒性：❄❄❄
葉の観賞期間：1〜12月
植えつけ時期：3〜4月、9〜10月

ブロンズカラーのキンギョソウには、赤花の'ブロンズレッド'や、ピンク花の'ブロンズドラゴン'、'フェアリーチョコレート'などがあり、初夏にかけて膝丈ほどのサイズで花が咲く。冬はカラーリーフとして利用でき、シロタエギクなどとの組み合わせが定番である。別種ではあるがシルバーリーフタイプは、枝が横に広がって垂れるので、寄せ植えコンテナの縁に植えるとよい。

冬は−5℃程度なら問題ないが、極端な寒さは苦手なので北風を避けた場所に置き、よく日に当てる。夏は湿気を避け、風通しのよい半日陰で管理する。秋に挿し芽で殖やすこともできる。

銅葉品種 'ブロンズドラゴン'

コプロスマ

Coprosma

アカネ科

葉　色：
草　丈：20〜80cm
日　照：☀ ◣
耐寒性：❄❄❄
葉の観賞期間：1〜12月
植えつけ時期：4〜6月、9〜10月

コプロスマは光沢のある葉が特徴のカラーリーフだが、冬に紅葉して美しくなる'コッパーシャイン'や'イブニンググロー'などは、トロピカルなイメージとのギャップがあり、ほかの草花との組み合わせが難しい。しかし明るい茶系の小葉が密生する'チョコレートソルジャー'は、控えめな印象なので和洋、季節を問わずに使いやすい。「カプチーノ」の名でも流通する。

また、明るい白覆輪と横広がりの姿が特徴のカーキー'バリエガタ'も寄せ植え向きである。いずれも丈夫で栽培しやすいが、−5℃以下では凍傷になるので、冬は軒先か室内で管理したい。

'ビートソンズゴールド'（左）と'チョコレートソルジャー'（右）

コリウス
キンランジソ

Plectranthus scutellarioides

シソ科

葉　色：
草　丈：20〜70cm
日　照：☀ ◣
耐寒性：❄
葉の観賞期間：5〜10月
植えつけ時期：5〜8月

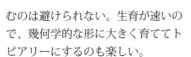

夏花壇定番のカラーリーフのひとつで、青以外のほとんどの色彩があり、寄せ植えにも重宝する。流通する苗は実生系と栄養系があり、とくに栄養系は色彩ばかりでなく葉型や株姿のバリエーションが豊富。

葉の色彩は20℃以下の低温にあうと鮮やかになるため、春に色彩につられて苗を購入しても、夏色は違ってしまうこともある。赤、ピンク、オレンジ系ほどこの傾向が強いが、ほかの系統も真夏は若干色が暗

むのは避けられない。生育が速いので、幾何学的な形に大きく育ててトピアリーにするのも楽しい。

7〜8月の高温期は挿し芽繁殖が容易で、枝をコップの水に差すだけで発根する。鉢に直接枝を挿し、日陰で1週間養生すれば1ヶ月もすると立派な苗になる。枝が裂けやすく、根張りも強くないので、大株に仕立てるときは必ず支柱を添えるようにする。冬越しには15℃以上が必要である。

さまざまな葉形と色がある（上左）。黒の'ミッドナイトパープル'と赤の'エトナ'（上右）。下は'アスコットワイン'

ダークカラーのブロンズ&ブラック&レッドリーフ図鑑

コロキア

Corokia

ミズキ科
葉 色：🍂🍃
樹 高：40〜120cm
日 照：☀️🌤️
耐寒性：〰️〰️〰️
葉の観賞期間：1〜12月
植えつけ時期：4〜5月、10月

ジグザグの細い枝と小さな葉が特徴の小低木。自然に枝別れしてこんもりとした樹形に育つ。交配種のビルガータ系の品種が多く栽培され'フロステッドチョコレート'はその代表種。一方、コトネアスター系は小型で枝が密に茂り、針金細工のような印象を受けるが性質はややデリケート。

どちらも暖地では西日を避けた水はけのよい場所に植えておけば、ほとんど手がかからない植物である。健康状態がわかりにくく、枯らす原因のほとんどは低温期の過湿か、夏の水切れなどで根を傷めたことによる。枝先の状態や色に注意し、軽く萎れ始めたら充分に灌水する。

密な茂みになるコトネアター系

セロシア

ケイトウ

Celosia

ヒユ科
葉 色：🍂🍃
草 丈：20〜90cm
日 照：☀️
耐寒性：〰️〰️〰️
葉の観賞期間：6〜10月
植えつけ時期：5〜6月

銅葉のセロシア（＝ケイトウ）の花は赤もしくは桃紅色が主で、槍ケイトウ、羽毛ケイトウ、鶏冠ケイトウの各系統にある。逆に黄金葉に近い品種は、オレンジや黄花を咲かせる。秋色を代表する草花としても人気があり、とくに羽毛ケイトウは独特のボリューム感が好まれる。

直根性で大苗の移植が難しいため、大きめのポットで開花株まで育てて販売される。自分でタネから育てる場合、大株にするには9cmポットに直播きして間引きし、早めに定植するか順次鉢上げしていく。小さなポットのまま放置すると小苗で花が咲き、以後大きくならない。肥料切れにも注意する。

羽毛ケイトウの'ニュールック'

ダリア

テンジクボタン

Dahlia

キク科
葉 色：🍂
草 丈：20〜60cm
日 照：☀️
耐寒性：〰️〰️〰️
葉の観賞期間：5〜10月
植えつけ時期：3月(球根)
　　　　　　　4〜5月(苗)

ダリアは中米の高原地帯原産なので、夏の暑さ、とくに熱帯夜が続く環境では衰弱してしまう。有名な赤花の銅葉ダリア'ビショップ オブ ランダフ'は日本ではつくりにくい品種だが、それを容易にしたのが'ジャパニーズビショップ'であった。これがさきがけとなり、銅葉のダリアは赤、黄、桃花の各色がそろった。ほとんどは中輪以下の一重から半八重で、草丈は60cm前後が多い。

ダリアは球根植物で毎年掘り上げるイメージがあるが、据え置き栽培もできる。水はけのよい場所に植え、冬は軽く盛り土して防寒する。春の芽出し時期に強い芽だけを数本残し、あとは摘み取る。

艶のある銅葉の黄花品種

ハロラギス

Haloragis erecta

アリノトウグサ科
葉 色：🍂
草 丈：15〜30cm
日 照：☀️🌤️
耐寒性：〰️〰️〰️
葉の観賞期間：4〜10月
植えつけ時期：4〜5月、9月

ニュージーランド原産で、褐色の茎と明るいカラメル色をした葉が特徴。栽培容易で問題になるような病害虫もないため、さりげない脇役に重宝する。やや湿った日当たりのよい場所を好み、日陰では緑葉に近くなる。枝がまばらに茂る傾向があるので、ときどき切り戻して枝数を増やすよう仕立てるとよい。品種名'ウェリントンブロンズ'だが、'メルトンブロンズ'と呼ばれることもある。

夏に小さな花を咲かせ、あとで2mmほどの丸い実をつける。こぼれダネで生えてくることもある。耐寒性は−5℃前後あり、初夏に挿し木で殖やすことができる。

日当たりがよいと葉色が冴える

ヒューケラ
ツボサンゴ

Heuchera

ユキノシタ科
葉　色：
草　丈：20〜30cm
日　照：
耐寒性：
葉の観賞期間：1〜12月
植えつけ時期：3月、10〜11月

　今世紀、もっとも改良の進んだ園芸植物のひとつ。さまざまな葉色がそろい、色彩の豊富さはコリウスに匹敵する。初夏の花も魅力的で、耐寒性もあることから人気がある。

　銅葉系、銀葉系、その他（黄金葉、斑入り葉）に分けられるが、中間品種も多く、その境界はあいまいになっている。銅葉系の代表種は'パレスパープル'で、丈夫で栽培しやすいこともあって広く普及した。銀葉系は、葉の表面に「ピューター」

と呼ばれるシックな銀灰色が広がるのが特徴だが、銅葉系との交配でオレンジ〜深紅、褐色などの色彩が加わり、多くの品種がダークカラーとして利用できる。近縁のティアレラとの交配種（ヒューケラ）もある。

　寒暑に強く、秋から春までは日当たりがよいほうが葉色も姿もよく育つ。暖地では夏は日陰で管理する。株が古くなると根茎が浮き上がって生育が悪くなるので、株分けして植え直すとよい。

銅葉系の代表品種 'パレスパープル'（上左）とさまざまな葉色の品種（上右）。下は'チェリージュビリー'

ペニセツム
パープルフォンテングラス

Pennisetum

イネ科
葉　色：
草　丈：60〜120cm
日　照：
耐寒性：
葉の観賞期間：6〜11月
植えつけ時期：5〜6月、9月

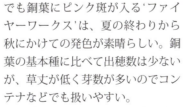

　熱帯性のチカラシバの仲間で、1年草タイプと多年草タイプがある。1年草の'パープルマジェスティ'は「ミレット」の名でも流通する。春に播くと2ヶ月ちょっとで穂が出始め、霜が降りる頃まで黒紫色の穂と葉色が楽しめる。ただし、種子の発芽後ひと月ほどは葉が緑色で、黒くなるのは本葉8枚（草丈30cm前後）を超えるあたりからである。

　多年草タイプは「パープルフォンテングラス」とも呼ばれる。なか

でも銅葉にピンク斑が入る'ファイヤーワークス'は、夏の終わりから秋にかけての発色が素晴らしい。銅葉の基本種に比べて出穂数は少ないが、草丈が低く芽数が多いのでコンテナなどでも扱いやすい。

　いずれも日当たりのよい適湿地を好み、日陰や痩せ地では葉色が褪せて魅力は半減する。また、古花（穂）を放置すると株が老化するので、早めに切り取って追肥するとよい。

赤銅色のアドベナ'ルブラム'（上左）と斑入りの'ファイヤーワークス'（上右）。下は'パープルマジェスティ'

ブラシカ類
Brassica

アブラナ科
葉　色：
草　丈：30〜60cm
日　照：☀
耐寒性：❄❄ ❄❄❄
葉の観賞期間：1〜4月、11〜12月
植えつけ時期：9〜10月

　カラーリーフとして利用できる野菜の代表はブラシカ類とレタス類がある。ブラシカ類は栽培上、キャベツの一種のハボタン、赤キャベツ（紫キャベツ）、ブロッコリー、カリフラワー、ケールなどのグループと、ミズナやタカナなどのグループの二つに分けて考えるとよい。
　前者は中級者向けで、タネ播きの時期や育苗方法などがやや難しく、秋に苗を購入して植えつけるのが一般的。結球や蕾がつくまで時間はかかり、病害虫防除も欠かせないが、生育途中を眺めるのも楽しい。後者は真夏と真冬以外はタネ播き可能で、生育も早いため初心者でも容易に育苗し栽培できる。

観賞用にもなる赤キャベツ

ペルシカリア
Polygonum microcephalum

タデ科
葉　色：
草　丈：30〜50cm
日　照：☀ ◐
耐寒性：❄❄
葉の観賞期間：4〜11月
植えつけ時期：3〜5月、10〜11月

　個性的な色合いのタデの仲間で、赤みがかった丈夫な茎が斜上する。イタドリをごく小さくしたような草姿だが、花は茎の先端に咲き、径1cmにも満たない白花である。'レッドドラゴン'は濃赤紫色の葉にV字型の銀白色の模様が入る。'シルバードラゴン'はやや小型で、銀白色の葉に赤紫の脈を持つ。
　栽培容易で生長が早く、夏の直射日光下でも葉焼けしないが、暖地では緑葉になる。日陰では葉色は冴えず、間延びしやすいので、日向に植えること。伸びすぎるようなら切り戻す。耐寒温度は−10℃前後で、冬は地上部が枯れる。地下茎で殖え、挿し木も容易に発根する。

銀のV字模様の'レッドドラゴン'

ベンケイソウ
Hylotelephium

ベンケイソウ科
葉　色：
草　丈：15〜50cm
日　照：☀
耐寒性：❄❄
葉の観賞期間：5〜11月
植えつけ時期：3〜4月

　セダム（マンネングサ）に近縁で、同属とされることもあるが、より大型で花色はピンク系。'バートラムアンダーソン'はミセバヤの銅葉タイプで濃い灰紫色の葉が美しく、茎は低く横に広がる。濃桃色の花を夏から秋にかけて長期間咲かせる。'パープルエンペラー'はベンケイソウの改良種。芽吹きは赤みを帯びた灰色で、あとから濃いブロンズ色に変わる。花色はピンク。
　暑さ寒さに強く、栽培容易。乾燥に耐えるので、ほかの草花が育ちにくい石垣の隙間、屋根上などでも育つ。ただし、この仲間は葉を食害する害虫がつきやすいので、定期的に薬剤散布すること。

'パープルエンペラー'

ムラサキミツバ
クロミツバ
Cryptotaenia japonica

セリ科
葉　色：
草　丈：10〜30cm
日　照：☀ ◐
耐寒性：❄❄
葉の観賞期間：3〜11月
植えつけ時期：3〜5月、9〜11月

　日本産の香辛野菜で、本種は全体が褐色になる品種。水はけのよい半日陰で、やや湿った土を好む。同じような環境で育つギボウシなどと組み合わせても面白い。適地ではこぼれダネからよく殖え、グラウンドカバー状に広がることもあるが、連作すると生育が悪くなる。
　寒暑には強いが、春と秋に旺盛に生育し、暑い夏は生育が鈍る。冬も葉を枯らして休眠する。初夏に小さなピンクの花が咲き、自然にタネをつける。タネをたくさんつけると枯れることもあるが、短命な宿根草なので、こぼれダネの実生苗で更新するとよい。移植は根を切らないよう丁寧に行う。

春には旺盛に育つ

ヤグルマソウの仲間
Rodgersia

ユキノシタ科
葉 色：🍂
草 丈：20〜50cm
日 照：⛅🌤
耐寒性：❄❄❄
葉の観賞期間：4〜11月
植えつけ時期：3月、11月

ヤグルマソウは日本の山野に自生する多年草で、谷筋など水分の多い場所に見られる。この仲間はしわのある大きな葉が印象的で、庭の下草としてギボウシとは違った魅力を発揮する。なかでも中国原産のピンナータの改良種は丈夫で、芽吹きの濃赤褐色と初夏に咲くピンクの花が楽しめる。代表的なものに‘ファイヤーワーク’や‘チョコレートウイング’などがある。

植え場所は半日陰で水はけのよい適湿地がよく、ある程度の水分があれば湿地でなくても育つ。腐葉土をたっぷりすき込み、夏の乾燥期には株元にマルチングをして充分灌水する。秋まで葉が残るようにするのがコツ。

‘チョコレートウイング’

ユーコミス
パイナップルリリー
Eucomis

キジカクシ科
葉 色：🍂
草 丈：40〜60cm
日 照：☀
耐寒性：❄❄❄
葉の観賞期間：4〜10月
植えつけ時期：3〜4月

花茎の先端に葉束をつける様子が、パイナップルの果実に似ていることから、パイナップルリリーの名でも親しまれる。本種は春の新芽が光沢のある赤褐色で、剣状の葉が束になって伸び上がる様子が印象的。‘スパークリングバーガンディ’は銅葉タイプのユーコミスの中では色褪せしにくい品種で、涼しい地方では夏も色が残る。暖地では花が咲くころには葉色が褪せ始める。

性質は強く、南アフリカ原産だが耐寒性もあって、極端な乾燥地でないかぎり土質は選ばない。鶏卵ほどの球根から脇芽を出して株立ちとなるので、充分な大きさになったら分球して殖やすこともできる。

‘スパークリングバーガンディ’

ユーパトリウム
銅葉フジバカマ
Ageratina altissima

キク科
葉 色：🍂
草 丈：40〜60cm
日 照：☀🌤
耐寒性：❄❄
葉の観賞期間：5〜11月
植えつけ時期：3〜4月、11月

シックな色合いがお洒落な宿根草で、こんもりと姿よく育って株立ちになる。秋に咲くたくさんの白花も美しく、褐色から次第にオレンジに変わる紅葉とのコントラストは印象的。庭の下草やボーダー花壇などで、シルバーブルーのグラスと組み合わせると魅力が倍増する。

病害虫もほとんどなく、暖地では夏に若干褪色するものの、落ち着いた色合いの丈夫なカラーリーフとして利用範囲が広い。水はけのよい適湿地ではすぐに大株になる。高冷地では夏も深い葉色を保つため、とくにおすすめのカラーリーフである。

人気品種の‘チョコレート’

リグラリア
Ligularia

キク科
葉 色：🍂
草 丈：60〜100cm
日 照：☀🌤
耐寒性：❄❄
葉の観賞期間：4〜11月
植えつけ時期：3月、11月

フキに似た大きな葉を広げ、夏に橙黄色の花を咲かせる。‘ブリットマリークロウフォード’は日本にも自生するマルバダケブキの園芸品種で、平地でも夏の褪色が少ない優良品種。ほかに‘オテロ’や‘ダークビューティ’などもある。

日向のほうが葉色は濃く発色するが、暖地では日陰でないと葉焼けする。水はけのよい場所で乾かさないように管理するのがポイント。大敵は根茎を食害するフキノメイガで、枯れる原因となりやすい。発生時期の8月下旬〜9月は要注意。殺虫剤などで防除する。秋または早春に株分けで殖やす。

‘ブリットマリー クロウフォード’

アカバハイビスカス

シソアオイ

Hibiscus acetosella

アオイ科

葉　色：🍃

草　丈：0.6〜1.5m

日　照：☀

耐寒性：〽〽〽

葉の観賞期間：5〜11月

植えつけ時期：5〜7月

まっすぐな枝に切れ込みのある赤葉をつける。高さがあり、適度にうしろが透けるので、ボーダー花壇に植えて、丈のある白やオレンジの花と組み合わせるのによい。

日当たりのよい適湿地を好み、乾燥した痩せ地では生育が悪く、日陰では緑葉になる。暑さにはきわめて強く、水分さえあれば旺盛に伸びる。横枝が出にくいので、小苗のうちに摘心して枝数を増やすと、ボリュームのある株に仕上がる。小さく仕立てるには適宜枝を切り戻す。園芸品種の'ブラックキング'は10月ごろ赤茶色のハイビスカスに似た花をつけるが、在来種は咲かないこともある。

掌状に切れ込み縁は小さく波打つ

アメリカテマリシモツケ

Physocarpus opulifolius

バラ科

葉　色：🍂🍂🍂🍂

草　丈：1〜1.5m

日　照：☀

耐寒性：〽〽

葉の観賞期間：4〜11月

植えつけ時期：3月、10〜11月

北アメリカ東部原産の落葉低木。銅葉品種は芽吹きから深い銅色の葉を広げる。春にテマリ状の白花を多数咲かせ、葉色とのコントラストが美しい。黒味の強い銅葉が夏もほとんど色褪せしない'ディアボロ'と、赤みの強い葉でコンパクトに育つ'サマーワイン'がある。ほかにも黄金葉の'ダーツゴールド'や'オーレウス'もある。いずれもお洒落な雰囲気のカラーリーフ。

寒さ、暑さに強く、日当たりさえよければ土質を選ばず育てやすい。どこで切っても芽を吹くので、好みの大きさに仕立てられるが、冬に強く切りすぎると花つきが悪くなる。

代表品種の'ディアボロ'

カンナ

Canna

カンナ科

葉　色：🍂🍂🍂🍂🍂

草　丈：1〜1.5m

日　照：☀

耐寒性：〽〽〽

葉の観賞期間：6〜10月

植えつけ時期：4〜6月

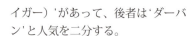

園芸植物としての歴史は古いが、カラーリーフとしての歴史は比較的新しい。緑葉以外のカンナは銅葉系が多く、赤花の'オーストラリア'、オレンジ花の'ワイオミング'ほか多数ある。銅葉には濃淡があり、夏に暗緑色に変わる品種もある。90年代に発表されるや世界中に普及した赤縞斑の'ダーバン（フェイション）'はカンナのイメージを刷新した歴史的品種。いっぽう黄縞斑には'バンコック'、'プレトリア（ベンガルタイガー）'があって、後者は'ダーバン'と人気を二分する。

栽培は容易で、夏の間は水と肥料を充分に与えるとぐんぐん育ち大株になる。高温期は水を好むので鉢植えであれば6〜8月は腰水につけたままでもよい。秋遅くに葉が枯れ始めたら地際で刈り取り、根株を傷つけないように掘り上げて乾かす。このとき土を落とさないのがポイントで、そのまま春まで保存し、植えつけ直前に土を払って株分けする。

オレンジ、赤、緑の縞模様が美しい'ダーバン'（上左）と赤葉の'オーストラリア'（上右）。下は'モンテーニュ'

クロトン

ヘンヨウボク
Codiaeum variegatum

トウダイグサ科

葉　色：
樹　高：20〜100cm以上
日　照：☀ ⛅
耐寒性：❄
葉の観賞期間：6〜11月
植えつけ時期：5〜7月

　光沢のあるカラフルな葉はいかにも熱帯植物らしいカラーリーフのひとつ。さまざまな葉型、大きさ、色彩がある。きれいな発色のためには夏の直射光と高温が条件で、日陰に置くとくすんだ色合いになる。鮮やかな葉色を楽しむにためにはできるだけ日当りのよい場所で管理する。

　夏の花壇やコンテナの主役には、大型品種の‘エクセレント’や‘インディアンブランケット’などがあり、暗赤色に黄〜オレンジ色の葉脈が鮮やかに入る。寄せ植えの脇役には、小型で細長い緑葉に黄色い斑点がつく‘黄金流星’などもよい。

　温度と水分さえあれば丈夫な植物だが、寒さには弱く、10℃以下の状態が長く続くと枯れてしまう。落葉するなど株に変化が現れるまでに時間がかかるので、気づかないうちに手遅れになることが多い。暖房などで乾燥する室内も苦手なので、冬越しには室内温室などを用意して収容する必要がある。

大型のほこ葉品種の‘エクセレント’（上右）とカラフルな広葉品種の‘アケボノ’。下は小型品種の‘黄金流星’

グレヴィレア

Grevillea

ヤマモガシ科

葉　色：
樹　高：1〜1.5m
日　照：☀
耐寒性：❄❄❄
葉の観賞期間：1〜12月
植えつけ時期：4〜5月

　グレヴィレアの仲間はオーストラリアを中心に300種以上が分布。日本ではおもに鉢花用の小型の種類が流通するが、オーストラリアでは、乾燥に耐える性質を利用してグラウンドカバーや生垣用の品種が栽培され、なかには造林用に植えられる30mを超える大木もある。

　‘ブロンズランブラー’もそんな品種のひとつで、低い生垣やグラウンドカバーに使われる。しなやかに伸びる赤褐色の枝に、細く切れ込んだ葉を茂らせる。新芽は赤く、春には赤紫のユニークな花を咲かせる。日当たりと水はけのよい場所であればよく育つ。ただ、根が粗いので大株の植え替えは難しい。

新芽が赤い‘ブロンズランブラー’

コロカシア

Colocasia

サトイモ科

葉　色：
草　丈：60〜100cm
日　照：☀
耐寒性：❄❄❄
葉の観賞期間：6〜10月
植えつけ時期：5〜6月

　黒褐色の葉をした‘ブラックマジック’は葉色以外サトイモそっくりだが、芋は小さく寒さには弱い。夏の間は充分に灌水・肥培すると立派に育つので、コンテナなどで大きく育てたいカラーリーフである。やや小型で、ランナー（長い地下茎）で殖える類似品種‘ブラックランナー’も流通する。栽培は高温、多湿、強光線が原則で、日陰では間延びして葉色も悪い。

　冬越しは葉が枯れ始めたら土を落とさないように掘り上げ、そのまま植木鉢や発泡スチロールの箱に納めて乾燥状態で室内に保存する。翌年5月ごろ、芽が動き始めるのを確認してから灌水を再開する。

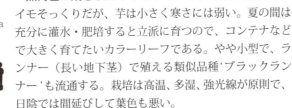

代表品種‘ブラックマジック’

コルディリネ
ニオイシュロラン
Cordyline austraris

キジカクシ科
葉　色：🍂🍂🍂🍂🍃
樹　高：0.3～3m
日　照：☀🌤
耐寒性：〰〰〰
葉の観賞期間：1～12月
植えつけ時期：5～8月

　この仲間は東南アジア～オセアニア原産の常緑樹で、種類の大半は寒さに弱く「ドラセナ」と呼ばれて鉢植えで栽培される。本種はニュージーランド原産で耐寒性があり、シュロなどとともに南国風の庭園に植えられることが多い。初夏に甘い香りのある花を咲かせることからニオイシュロランの名がある。
　カラーリーフとしては、銅葉品種の'アトロプルプレア'が古くから栽培されてきたが、赤みの強い銅葉の'レッドスター'や、主脈の赤い'サンダンス'も見かけるようになった。温暖な気候を好み、日当たりと水はけのよい場所で栽培するとよい。
　このほか銅葉に鮮やかなピンクの斑の入る'エレクトリックピンク'や、銅葉に白斑の'エレクトリックフラッシュ'もあり、株立ち状の培養苗がグラス類と同じような使われ方をしている。ただし、これらの華やかな斑入り品種は性質がデリケートで、過湿や寒さで下葉が傷むことがある。

葉色の鮮やかな品種'エレクトリックピンク'（上左）と'エレクトリックフラッシュ'（下）。上右は大型の銅葉品種'アトロプルプレア'

サンショウ
烏葉サンショウ
Zanthoxylum piperitum

ミカン科
葉　色：🍆
樹　高：1～2.5m
日　照：🌤
耐寒性：〰〰
葉の観賞期間：4～10月
植えつけ時期：3月、11～12月

　烏葉サンショウは、日本産のハーブとしても知られるサンショウの変りもので、黒～茶褐色の葉が特徴。新芽のときほど色は濃く、夏～秋には少し褪せてくる。植え替えなどで根を触られるのを好まないため、寄せ植えよりも庭のアクセントに向く。
　接ぎ木苗が流通するので、台木ときれいにつながっている苗を選ぶこと。平坦地では少し暑がり、水はけよく半日陰になる場所に植える。生育は遅く、元気に育ち始めるのは翌年からである。

銅葉の烏葉サンショウ

セイヨウニワトコ
サンブカス
Sambucus

レンプクソウ科
葉　色：🍋🍃
樹　高：1.5～2m
日　照：☀🌤
耐寒性：〰〰
葉の観賞期間：3～11月
植えつけ時期：3～4月、11月

　セイヨウニワトコは欧米の神話や伝承に登場する樹木のひとつで、古くから枝葉を薬にしたり、花や果実を酒の香りづけに利用されてきた。庭園樹としても広く栽培され、黄金葉や銅葉、ユニークな羽毛状に変化した品種も多くある。しかし、冷涼な気候を好むため日本の平地では栽培しにくく、なかでも銅葉品種のほとんどは夏に耐えられないものが多かった。
　'ブラックレース'は例外的に耐暑性のある品種で、株立ち状に育って細い切れ込みのある黒褐色の葉を広げ、初夏には淡いピンクの花を咲かせる。西日を避けた水はけのよい場所に植えるとよい。

暑さに強い品種'ブラックレース'

ニューサイラン

フォルミウム

Phormium

ススキノキ科

葉　色：

草　丈：0.6〜3m

日　照：☀

耐寒性：〰〰〰

葉の観賞期間：1〜12月

植えつけ時期：4〜5月、10月

　ニュージーランド原産で黒に近い銅葉からオレンジ、ピンク、イエローの斑入りなど園芸品種が多数ある。在来品種は丈夫で、暖地では放任でも大株になるが、斑が鮮明な品種ほど性質はデリケート。梅雨時の過湿や熱帯夜、冬の寒さが苦手で、日本の庭に向くものは少ない。在来品種は黄覆輪の大型種（2m前後）と緑褐色の中型種（1.5m前後）がある。

　コンテナや小花壇では80cm前後の小型種が使いやすい。'ブラック

アダー'は濃色銅葉系の'プラッツブラック'に似て、はるかに強健。'サンドウナー'と'レイボーサンライズ'はオレンジ色の入りで丈夫。また、黄葉の'イエローウェーブ'も育てやすい。

　日当たりと水はけのよい場所に植え、夏の西日や、冬の寒風は避ける。株分けで殖やすが、根を傷めると弱るので、あまり子株に分けないほうがよい。充分根づくまでは乾かし過ぎないようにする。

オレンジ色の斑が美しい品種の'サンドウナー'（上左）と銅葉の'プラッツブラック'（上右）。下は'レインボーサンライズ'

ハゲイトウ

アマランサス

Amaranthus tricolor

ヒユ科

葉　色：

草　丈：1〜1.2m

日　照：☀

耐寒性：〰〰〰

葉の観賞期間：8〜11月

植えつけ時期：6月

　熱帯性の1年草。透き通るような紅桃色の'イルミネーション'、赤・黄・緑の三色になる'トリカラー'などがある。市販のポット苗はコンパクトに色づいた苗が多く、植えつけ後は大きくならないので、本来のボリュームを楽しむにはタネから育てる。5月ごろ9cmポットに数粒ずつ播き、発芽後1本に間引く。肥料切れや根づまりにならないよう注意し、草丈10〜15cmで定植する。

　高温を好むので、小さい苗も梅雨明け以降は急速に大きくなる。直根性なので地植えした苗の移植は難しい。バッタやハマキムシなどの被害があるので、見つけ次第防除する。

強烈な色彩で夏から秋の庭を彩る

フェンネル

ウイキョウ

Foeniculum vulgare

セリ科

葉　色：

草　丈：1〜2m

日　照：☀

耐寒性：〰〰〰

葉の観賞期間：5〜10月

タネ播き期：4月、9月

　フェンネルは、甘い独特の香りがムニエルやスモークサーモンなどの魚料理に合うとして広く利用される。ブロンズ品種は若干の雑味があり、観賞用にハーブガーデンなどのアクセントとして植えられる。葉は細かく羽毛状に分かれ、柔らかい独特の質感は、大株に育つにつれて花壇に霞がかかったような眺めになる。冬は葉を枯らして越冬し、明るい黄色の小花が初夏に群開する。

　日当たりと水はけのよい場所を好み、直根性なのでいったん植えつけると植え替えは難しい。種子からの育苗は、4月か9月に9cmポットに数粒ずつ直播きして間引きながら育てる。

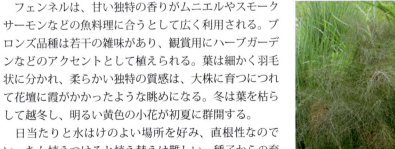

葉が色づくブロンズフェンネル

メギ

Berberis

メギ科
葉　色：🍂🍂🍂🍂🍃
樹　高：60〜150cm
日　照：☀🌤
耐寒性：❄❄
葉の観賞期間：4〜11月
植えつけ時期：2〜3月、10〜11月

　日本原産の低木で、欧米で人気の花木。大きく分けると銅葉系と黄金葉系があり、庭園樹としてさまざまな樹高、葉色の品種が生まれている。鋭い刺があるため、日本の家庭では敬遠されがちだが、新芽や紅葉の美しさ、寒暑に強く育てやすいなど、メリットも少なくない。以下、代表的な銅葉品種を上げる。

　'ヘルモンドピラー'は枝が直立する銅葉のメギで、生垣にも好適。'ハーレクイン'はピンク〜白の斑がまだらに入る品種で、よく似た'ローズグロー'が新芽だけに斑が入るのに比べてより華やか。'ゴールデンリング'は夏になると銅葉にイエローグリーンの縁取りが入る。'シルバーマイルズ'は銅葉の表面に白斑が淡く入り、いぶし銀のようなシックで繊細な雰囲気となる。

　栽培は、いずれも水はけのよい適湿地でよく生育し、品種によってはやや暑がるので、夏の西日は避けるとよい。

新芽時に斑が入る'ローズグロー'（上左）と渋い色合いの'シルバーマイルズ'（上右）下は立ち性品種の'ヘルモンドピラー'

ロサ・グラウカ

Rosa glauca

バラ科
葉　色：🍆
樹　高：1.5〜2m
日　照：☀
耐寒性：❄❄
葉の観賞期間：4〜11月
植えつけ時期：2月下旬〜3月

　原種のバラで、新芽ははじめ銅葉、夏は白粉を帯びて青銅色に変わり、秋には再び紅葉して赤くなる。初夏にはピンクの一重花が咲き、秋には赤い実が生って冬の庭に彩りを添えるなど、一年を通じて見どころが多い。半つる性で、細い枝をゆったりと伸ばすので、フェンスに絡めてスクリーン状に育てるのもよい。

　園芸品種のバラに比べると生長が遅くやや暑がるので、夏の西日を避けられる風通しのよい場所で管理する。いきなり小苗を植えつけるよりも、鉢植えである程度大きくしてから植えると失敗が少ない。

茎も赤みを帯びるロサ・グラウカ

アメリカサイカチ

Gleditsia triacanthos

マメ科
葉　色：🍆🍂
樹　高：10〜30m
日　照：☀
耐寒性：❄❄
葉の観賞期間：4〜9月
植えつけ時期：2〜3月、10〜11月

　アメリカ原産のネムノキに似た高木。'ルビーレース'の新芽は光沢のある赤褐色で、夏には緑褐色に変わり、秋はオレンジ色に紅葉する。若木は枝がよく伸びて樹形が乱れやすいが、冬に徒長枝を切り戻し、不要な枝を整理するなど、きめ細かい剪定を繰り返すことで樹勢は落ち着いてくる。輝くような黄金葉の品種に'サンバースト'があり、こちらもシンボルツリーによい。

　病害虫はほとんどないが、カミキリムシの幼虫（テッポウムシ）が幹に食い込むことがあるので、見つけ次第防除する。外見の似たネムノキの銅葉品種に比べると、本種のほうが長命で大きく育つ。

新芽が赤褐色の'ルビーレース'

アメリカハナズオウ

Cercis cahadensis

マメ科
葉　色：
樹　高：3〜5m
日　照：
耐寒性：
葉の観賞期間：4〜11月
植えつけ時期：2〜3月、11月

代表品種'フォレストパンジー'の濃い赤紫色のハート形の葉はよく目立ち、夏になってもあまり色褪せないのでシンボルツリーに好適である。幹が立って傘型の樹形になるのも好ましい。黄金葉の品種'ハートオブゴールド'も同様。

日当たりと水はけのよい適湿地を好む。根が粗く、植えつけて数年間は根元が安定しないので、しっかりした支柱を添えるとよい。性質は強く、いったん根づけば乾燥にも耐える。カミキリムシやボクトウガの幼虫が地際近くの幹に食い込み枯らすことがある。幹から木くずが出ていれば虫のサインなので、ただちに防除すること。

赤紫葉の'フォレストパンジー'

ドドナエア
ポップブッシュ
Dodonaea viscosa

ムクロジ科
葉　色：
樹　高：1〜3m
日　照：
耐寒性：
葉の観賞期間：1〜12月
植えつけ時期：3月下旬〜4月、
　　　　　　　9〜10月上旬

常緑でつやのあるチョコレート色の葉の'プルプレア'が美しいカラーリーフ。箒状に育つ樹形もユニークで、モダンでお洒落な庭によく似合う。新芽のころは緑色に見えるが、秋冬は赤黒いシックな色に変わる。

丈夫で病害虫もほとんどなく育てやすい。温暖な気候と水はけのよい場所を好み、日陰でも育つが葉色が褪せるので、できるだけ日当たりよく植える。苗木のうちは幹が細く、少しの風で倒れやすいので植えつけて数年は支柱を立てる。強く切り戻すと芽を吹くのに時間がかかるので、剪定は樹形が大きく乱れる前にするのがコツ。

秋冬に色づく'プルプレア'

スモークツリー
ケムリノキ
Cotinus coggygria

ウルシ科
葉　色：
樹　高：1〜3m
日　照：
耐寒性：
葉の観賞期間：4〜11月
植えつけ時期：3月、11月

ふわふわした穂が印象的なスモークツリーは、カラーリーフとしても注目され、なかでも'ロイヤルパープル'は深いワインレッドの葉色で人気がある。そのほかの銅葉系の品種には、コンパクトで花芽のつきやすい'ベルベットクローク'や、大きく育つ'フレーム'もある。

いずれも暖地では夏に葉色が褪せてしまうが、秋にはオレンジ色に紅葉する。黄金葉の'ゴールデンスピリット'は、樹形が小さくまとまり花つきもよい。

暑さ寒さに強く、水はけのよい場所を好む。前年の充実した枝の先端に花芽をつくるので、花を咲かせるには枝を自由に伸ばす必要があるが、根張りが浅く強風で倒れやすいので、しっかりした支柱を立てること。必要以上に大きくしないためには、徒長枝の切り戻し剪定が欠かせないが、生育期に切ると芽を吹かずに枯れ込むので、冬の落葉中に切るのを原則とする。

人気品種の'ロイヤルパープル'（上左）と小型品種の'ベルベットクローク'（上右）。下は名前の由来となった煙のような花序

ノムラカエデ

Acer palmatum

ムクロジ科
葉　色：🟣
樹　高：3〜5m
日　照：☀️ ⛅
耐寒性：❄️❄️
葉の観賞期間：4〜11月
植えつけ時期：1〜3月、12月

　イロハモミジの銅葉品種で、赤紫色の葉が特徴。ノムラカエデの葉色は、実生でもよく遺伝するので、市販の苗木には葉の大小や色の濃淡に差のあるものが含まれる。一般にモミジといえば秋の紅葉を期待するが、園芸品種のほとんどは春から初夏の新緑がもっとも美しい。
　品種としては'猩々野村'は葉色が深い赤紫で夏の褪色も少ない。'大盃'は大型で夏は緑葉になり秋に再び紅葉する。'紅枝垂れ'は柔らかく枝垂れる樹形が持ち味で、欧米では好んで植えられる。
　いずれも性質は強く栽培容易だが、きれいな紅葉を楽しむには山間地でないと難しい。秋まで健全な葉が残るには、空中湿度が高く夏の夜温が下がるのが必要なためである。大敵はカミキリムシやボクトウガなど幹を食い荒らす害虫である。幹からの木くず（虫糞）を見つけ次第防除すること。

葉色の「濃紫」から名がついたとされる。代表品種の'猩々野村'（上2点）。下は細かく裂けた赤い葉が人気の'紅枝垂れ'

ネムノキ

烏葉ネムノキ

Albizia julibrissin

マメ科
葉　色：🟣
樹　高：4〜6m
日　照：☀️
耐寒性：❄️❄️❄️
葉の観賞期間：5〜11月
植えつけ時期：3〜4月

　'サマーチョコレート'はしなやかな枝に羽状に分かれた赤茶色の葉をつける。暖地性の落葉樹で芽吹きは遅く、4月半ば過ぎになってようやく緑色の新芽を出す。若葉は緑だが、後に濃い赤茶色に変わる。基本種は野生では10mを超える大木も珍しくないが、それほど大きくならず、ふつう5m前後である。
　植え替えや根を切られるのを嫌い、ポット苗以外は移植が難しい。生長が早いので植え場所はよく考え、水はけのよい適湿地に植える。剪定すると雑菌が入って枝枯れをおこすので、切り口に癒合剤を塗る。むやみな剪定で株ごと枯れる例も少なくない。接ぎ木苗が流通する。

濃い葉色の'サマーチョコレート'

ベニカナメモチ

アカメモチ

Photinia

バラ科
葉　色：🔴
樹　高：3〜5m
日　照：☀️
耐寒性：❄️❄️
葉の観賞期間：1〜12月
植えつけ時期：3〜4月、9〜10月

　カナメモチとオオカナメモチの交配種'レッドロビン'は丈夫で生育が早く、庭木や生垣に広く利用される。新芽の鮮紅色から暗赤色→緑褐色→緑色へと変わり、刈り込むことで春以外にも赤い葉が楽しめる。放任すると5m以上になる。初夏に白い花が咲くが、前年枝の先から伸びた枝につくので、生垣など頻繁に刈り込まれた木では咲かせるのは難しい。水はけさえよければ植え場所は選ばない。
　虫害は少ないが、葉に小斑点が出るゴマ色斑点病や褐斑病が問題。発生したら定期的に殺菌剤を散布し、早めに防除する。進行するとひどく落葉して枝枯れをおこす。

よく垣根にされる'レッドロビン'

ベニバスモモ

アカバザクラ

Prunus

バラ科

葉　色：

樹　高：3〜6m

日　照：

耐寒性：

葉の観賞期間：4〜11月

植えつけ時期：1〜3月、11〜12月

　銅葉のカラーリーフで、果樹のスモモとは別のセラシフェラ種が広く普及している。早春にサクラに似た淡いピンクの花を咲かせるためアカバザクラと呼ばれることがある。花後は赤褐色の葉を茂らせるが、暖地では夏に緑褐色をおびてくる。初夏に熟す実は小さく食用には向かない。

　果実用のセイヨウスモモには'ハリウッド'など銅葉品種はあるが、カラーリーフとしては一時的で夏以降は緑葉になる。逆にビルギニアナ種の品種'ベイリーズセレクト'は緑の芽出しから初夏にかけて次第に濃紅紫色に変わる。

　庭のシンボルツリーとして好適で、水はけのよい場所に植えれば成育は早い。太枝を切ると傷口がふさがりにくいので、必ず保護剤を塗ること。

芽出しと同時に淡いピンク花を咲かせる（上左）。葉色ははじめ赤紫色で、やがて褐色となる（上右）。下はビルギニアナ種の赤葉'ベイリーズセレクト'

ベニバナトキワマンサク

アカバナトキワマンサク

Loropetalum chinensis var.rubrum

マンサク科

葉　色：

樹　高：1〜3m

日　照：

耐寒性：

葉の観賞期間：1〜12月

植えつけ時期：4月、9〜10月

　マンサクとは別種の常緑樹で、中国南部原産。春に一面に赤紫の花を咲かせることから、花木としても人気がある。性質が強くて土質を選ばず、初心者でも育てやすい。どこから切っても芽を吹く特性を生かして、生垣にも利用される。

　生産者の間では、実生苗から特徴のある系統が選抜され、挿し木などで増殖されている。花や葉色の濃淡、樹形は直立性か横張り性か、矮性で密に茂るなどなど、魅力的な系統がある。残念ながら品種名で流通していないので、購入の際はよく見極めて選びたい。

花時以外も美しい銅葉が楽しめる

ヨーロッパブナ

Fagus sylvatica

ブナ科

葉　色：

樹　高：10〜20m

日　照：

耐寒性：

葉の観賞期間：4〜11月

植えつけ時期：1〜3月、12月

　銅葉品種のワインレッドの新芽は初夏には紫黒色、秋にはオレンジ色に紅葉する。ヨーロッパでは公園や庭園に見事に育った大木が普通に見られる。枝が直立して等立ちの樹形となる'ダーウィックパープル'は狭い場所にも植えられる。

　水はけのよい肥沃な適湿地を好み、若木のうちは日陰のほうがよく育つ。乾燥した空気を嫌い、暖地では強い日射しでも葉焼けしやすい。どちらかというと山間地向きの樹種で、大都市部ではやや栽培しにくい。枯れる原因のひとつはカミキリムシの食害で、根元に虫糞を見つけたらすぐに対処すること。

覆輪品種'トリカラー'

ブロンズ＆ブラック＆レッドの アザーカタログ

＊項目として紹介できなかったもの、ほかの色で項目として取り上げたものを掲載。→は項目または解説のあるページ。

オリザ '**ドゥ ショコラ**'

観賞用イネは、各地で行われる「田んぼアート」で、白、黒、黄色など鮮やかな葉色を目にする機会も増えた。これらは水田用（水稲）で、家庭ではスイレン鉢などに植えて鉢ごと花壇に並べる必要がある。本品種は陸稲なので花壇やコンテナに直接植えられるのが長所。栽培には充分な日照と風通しが大切。→ P111

イポメア'**エースオブスペード**'

よく伸びるつるに黒褐色の大きな葉をつける。高温期は挿し芽で簡単に殖やせる。乾燥には強いが、過乾燥や肥料切れすると葉色が悪くなるので注意する。→ P111

カラジューム '**フレイダヘンペル**'

カラジュームは、品種は多いが名称つきで流通するものは少ない。好みの株を見つけたら冬越しさせて大切に育てたい。→ P42

サルビア・リラータ

丈夫で土質を選ばず、栽培は容易。日当たりが悪いと葉色が淡くなる。こぼれダネで殖え、雑草化しやすいので注意が必要。→ P111

タニウツギの仲間 '**ワイン＆ローズ**'

矮性で非常に花つきがよく、そのために株が弱ることもあるほど。古枝を整理し樹勢を保つようにする。→ P53

ナンテン '**オタフクナンテン**'

ごく矮性で株立ちとなり、丸みを帯びた葉がほぼ年中紅葉している。丈夫で極端な乾燥地以外で栽培できる。→ P111

リーフレタス

結球しないレタスの仲間で葉色や葉型のバラエティ豊富。生育が早く種子からの育苗も容易である。→ P111

マンリョウ '**紅孔雀**'

紅褐色の葉にピンク色の斑が入る品種で、若木はとくに鮮やか。やや湿った日陰〜半日陰を好み、乾いた風を嫌う。→ P111

ユーフォルビア '**ブラックバード**'

銅葉系のユーフォルビアのなかでもコンパクトにまとまる品種。葉色が濃くて花つきがよい。→ P72

Part 6

プランニングから苗の選び方、植え方、維持管理

カラーリーフガーデンづくりのポイント

カリオプテリス（上左）とチェリーセージ（上右）。下は左からサワラ'ボールバード'、トレニア、ヒペリカムなど。

どんな庭をつくるか ──プランニング

庭をイメージする

　新しく庭をつくる場合でも、今ある庭を改造するにしても、考えるのは楽しいものです。最初にどんな雰囲気にしたいかイメージしましょう。メインの庭、玄関先、道路沿いなど、つくる場所によってある程度制約も受けますが、イメージが決まれば方向性が見えてきます。

　イメージが決まったら次は設計図づくりです。絵の得意な人はスケッチブックに描いてもよし、そうでなければデジタルカメラを使い、撮影した庭の写真を拡大コピーして原図にしてもかまいません。植えたい植物があればリストにし、カタログや雑誌の写真などがあると便利です。この段階で自分の庭で育ちそうな植物を選んでいきます。

植物の配置は三角形の組み合わせが基本

　自然らしく見える庭は、不等辺三角形が組み合わさってできています。平面だけでなく、高さも三角形になるようにし、それを複数組み合わせれば大きな庭のデザインもそれほど難しくありません。（右図参照）

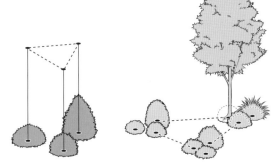

左は単独のパターン、右が複数組み合わせたパターン。三角形の大きさは必ずしも同じとは限らない

　組み合わせは三角が基本ですが、五や七といった応用編もあります。自然をよく観察し、見つけた美しさのなかから、左右非対称のバランス感覚を養いましょう。

　三角が左右対称になると堅苦しい窮屈な印象になり、組み合わせのパターンも限られてしまいます。富士山の美しさは格別なものですが、写真や絵画で真正面に据えた作品がほとんどないのも、これと同じ理由ではないでしょうか。

コナラやモミジ、ナツハゼなどの落葉樹の下に山野草を植えた庭。四季の息吹が感じられる

植物選びのポイント

植える庭の環境で無理なく育つものを第一に選びます。きれいなもの、珍しいものばかり植えると、管理に手間がかかったり、上手く育たなかったりして長続きしません。植物の栽培が目的ならばそれもいいのですが、きれいな庭にしたいのなら、ある程度経験をつむまでは珍しい植物は避けたほうがいいでしょう。

また、ある季節に葉を茂らせたり花を咲かせたりして目を引く植物と、一年中あまり変わらない姿のままでいる植物があります。前者は季節感、後者は庭の雰囲気を演出し、どちらも庭の植栽には欠かせないものですから、両方をバランスよく組み合わせることも大切です。

一定期間地上から姿が消えてしまう宿根草や球根植物は、近くに常緑樹や1年草、もしくはグラウンドカバーを植えたり、砂利で地面をカバーするなど、休眠期間もうまく見せる工夫が必要です。

風をとらえるボーダー

少しの風で揺れるグラス類は、ナチュラルな雰囲気の植栽には欠かせない材料ですが、ボーダー花壇に植えてもよいアクセントになります。細長いスペースにつくられるボーダー花壇は、小さな三角形の連続で構成するのが基本です。高さのある植物を含んだグループと低いグループを交互に配置するとリズムが生まれ、自然と花壇に沿って歩いてみたくなるものです。

左はイメージ図。右は平面図で小さな三角形が連続する

左ページの庭の冬の様子。デザインの参考にするなら冬に訪れれば庭の骨格を見ることができる

欧米にはグラス類のファンが多く、公園や街角にも
グラスばかりを植え込んだ花壇があるほどですが、雨
が多くてイネ科やカヤツリグサ科の雑草が旺盛に育つ
日本ではあまり人気がありませんでした。カラーリー
フの普及につれて、だんだんとそのよさが理解されて
きたのは嬉しいことです。

狭い空間を生かす

　天井の高い部屋は広々して気持ちのよいものですが、
庭に背の高い木があると、梢までが庭の高さとして意
識されるので、同じような効果があります。とくに、
門から玄関までの短い距離や、狭い庭に応用できるテ
クニックです。（下図参照）
　こうした場所は、しばしばシンボルツリーを植えま
すが、樹種選びは慎重にしなくてはいけません。たと
えば、ギンヨウアカシアは、銀色に輝く葉が明るい洋
風の庭にマッチし、春には桜に先駆けて黄色い花をびっ

しり咲かせることから、シンボルツリーとして人気があ
りました。しかし生長が早くて樹形が整えにくい、根張
りが浅くちょっとの風で簡単に傾いてしまう、などの理
由で次第に敬遠され始めています。
　シマトネリコの株立ちも人気がありますが、本来10
mを超える大木となり生長も早いので、狭い場所にはあ
まり向いていません。ところが斑入りのシマトネリコの
一種‘サマークィーン’は極端に生長が遅く、じっくりつ
き合うにはよいのですが、遅すぎるのが欠点となるほど
です。シンボルツリーは流行だけではなく、庭の広さや
手入れのしやすさなども考えて決めましょう。

曲げる、隠す

　人は手前のものと遠くのものが一緒に視野に入ると距
離を感じます。細長い敷地に植え込みをつくる場合は、
始まりと終わりに大きめの植物、中間にはやや小さな植
物を配置することで、奥行きを強調することができます。
近、中、遠の3つを、直線上にではなく少しずらすのが
肝要で、一直線に並べると不自然で面白みに欠けてしま
います。
　園路をつくる場合も最短距離を通すのではなく、左右
に少し曲げて奥行きを表現しましょう。また、家屋や敷
地の角は、そのまま見せるより植栽などで少し隠すよう
にすると、庭が奥に続くような錯覚が起こり、広がりを
感じます。

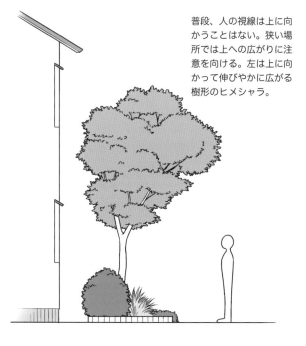

普段、人の視線は上に向
かうことはない。狭い場
所では上への広がりに注
意を向ける。左は上に向
かって伸びやかに広がる
樹形のヒメシャラ。

植物の手入れ ＝ 庭の手入れとは限らない

　大きくなった植物が、庭の景観を乱すようになっても、ついそのままにしてしまう、植物愛に溢れた方によくあることです。植物コレクターの庭が雑然としがちなのも原因は同じ。植物はある程度の大きさに育ったら、今度はその大きさをキープしなければなりません。育てすぎるとバランスが悪くなり、庭の景観が乱れます。

　こうしたことを避けるには、あえて寿命の短い植物を使うことを推奨します。1年草や熱帯植物はその代表格で、宿根性のカラーリーフと混ぜて植えると、そのスペースは翌年宿根草に充てられます。さらに、宿根草や半耐寒性の多年草にも寿命の短いものがあるので、こうした種類を選んで利用するのもいいアイデアかもしれません。たとえばイリス属の多くは、同じ場所に3年ほど植わっていると「いや地現象」を起こし弱ってきますし、ケントウレアの大株も数年で枯れ込みが目立ちはじめます。ただ、あらかじめ枯れることを見越して、その後もきれいに見えるように植えるのは難しいものがあります。

3年ごとに庭を見直す

　そこでおすすめしたいのが、宿根草の植え替えや、大がかりな樹木の剪定などを3年ごとに行う定期点検です。その時期に合わせて、庭を改造するのもよいでしょう。

　1年草は別として、多くのカラーリーフは植えつけ初年度より、2年目3年目が立派になります。樹木ではやっと本調子になるものが多く、高木などはとくにその傾向があります。宿根草には3年を過ぎるころから衰退する種類がある一方、ますます盛んに茂り、周囲の植物を圧迫するものも出てきます。

　この定期点検では「もったいない」は禁物で、殖えすぎた株、太くなりすぎた枝など、どんどん整理しましょう。3年前の大きさを思い出せば、目の前の植物がこの先どう育っていくかは容易にわかると思います。当然3年後の予想もつくでしょうから、そのために何をしたらいいかを考えるきっかけも生まれます。

　庭いじりを通じて、自然のサイクルを理解し身近に感じられるようにあることこそ、園芸を楽しむ醍醐味ではないでしょうか。

庭の将来……、生長し安定する庭　壊して新しくする庭

　庭はでき上がって数年間は年々生長し変化を続けますが、ある程度たつと落ちついてきます。その後は次第に衰えていく場合もあれば、さらに育って野生の森のようになってしまう場合もあります。「庭」としての寿命が尽きていく状態です。

　手入れしてきた先人たちは、大切な庭の寿命を延ばすための工夫をしてきました。代表的な例が日本庭園につきものの松の「ミドリ摘み」「モミアゲ」であり、丸く刈り込んだツツジやサツキです。これらの技術があるからこそ、名所旧跡で当時の面影を知ることができるわけです。

　一方、イギリスの高名な園芸家、故クリストファー・ロイドは、あるとき先祖から受け継いだ歴史あるバラ園を取り壊し、熱帯植物を植え込んだカラーボーダーを造営しました。当初、周囲からは「ロイドは頭がおかしくなった」と批評されましたが、時代の最先端を行く新しい庭はのちに大評判になりました。

　いささか大げさなたとえですが、自分の庭をどうしたいか、決めるのはあなた次第、というわけです。

近景と遠景で奥行きを表現する。園路は最短を結ばずに蛇行させるのがよい

101

葉色を際立たせる植え方

カラーリーフの美しさを引き出す

　カラーリーフを好む人は、植物を装飾的にとらえ、植物の個々の美しさももちろんですが、それらを組み合わせた景観の美しさに敏感です。こうした方は色やテクスチュア、フォルムの違いを見分ける感覚にすぐれ、コンテナなどの寄せ植えも得意にしている場合が少なくありません。

　ところが庭のデザインは若干性質が異なります。コンテナよりも空間の広がりが格段に大きく、そこで植物が育っていく過程を想像できないと、庭の全体像を見通すことができないからです。きれいな植物を「絵画的」に植えるだけでは、頻繁な植え替えや切り戻しといったメンテナンスに追われることになりかねません。

カラーリーフの生育パターンを知ろう

　そうならないためには、まず植物の本来の姿、とくに生育パターンを理解する必要があります。カラーリーフには、市販の苗と本来の姿が異なるものが多く、生育の早い種類、遅い種類の差もあります。同じ匍匐性でも、わずか数ヶ月で1m四方に広がるイポメアや、5年かかってもその半分にも満たないコニファーの一種などさまざまで、サイズは同じでも株間の取り方が違ってきます。上に伸びるもの、丸く茂るもの、地面を這って広がるものなど、種類ごとの違いをきちんと見極めて植えつけるのがその後の見映えだけでなくメンテナンスにも影響するのです。（下図参照）

植えつけの時期と方法

　植えつけ適期は種類によります。耐寒性のカラーリーフは春と秋の年2回、熱帯性は晩春から初夏のころ、そして半耐寒性は春、というのが目安です。丁寧に扱えば多少のずれは問題ありません。ただし酷暑・酷寒期の植替えは禁物で、枯れることもあります。

　植えつけ場所は庭植えの場合、できればあらかじめ腐葉土や堆肥をよくすき込み、土を柔らかくして根づきやすいよう準備します。苗の状態にもよりますが、植え穴を掘ったら根を広げるようにして適当な深さとなるよう土をかけ、たっぷりと水をあげます。必要に応じて支柱やマルチングなど、ほかの草花と何ら変わるところはありません。植えつけの際は株間や鉢の大きさにゆとりを持たせてあげましょう。

きれいに見せる組み合わせのコツ

　花を主体に楽しむか、葉物の組み合わせを楽しむか、前者は花の引き立て役としてのカラーリーフ、後者はカラーリーフそのものの美しさを追求する。どちらも素敵ですが、パート2でも説明したように、カラーリーフを使うときに基本となるのは、明るさの差を意識し、そのうえで色の調和やフォルム、テクスチュアの組み合わせを考えることです。

　コントラストはただ強くすればよいというわけではなく、その割合や中間的な明るさの量やバランスも大事なポイントです。たとえば、外壁のクリーム色の家にノムラモミジをシンボルツリーとして植えた場合、コントラストが強すぎて落ち着きません。そういうときは明るい緑のクロチクやナリヒラダケ、もしくはコニファーなどをプラスするとよく、前者は和風、後者は洋風にまとまります。外壁のクリーム色を葉で隠し、「ブライトカラー2、ダークカラー1、そして中間色が3前後」という目安に近づけるわけです。

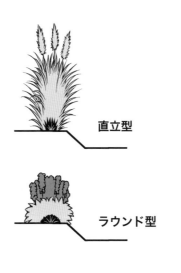

直立型

ラウンド型

匍匐型

多年草（宿根草）の生育パターン
直立型：ススキ、パニカム、アカバハイビスカスなど。
ラウンド型：ギボウシ、ヒューケラ、シロタエギクなど。
匍匐型：イポメア、セダム、リシマキアなど

みずみずしい葉色を保つコツ

カラーリーフは、日常の花がら摘みなどのメンテナンスが不要な分だけ、一般の草花に比べて手がかかりません。たくさんの種類が含まれているカラーリーフについて、ひとくくりに栽培法を解説することはできませんが、ここではカラーリーフの性質を生かした管理のコツについて説明します。

カラーリーフの性質

カラーリーフは太陽光からエネルギーを作る葉緑素が普通の植物よりも少なかったり、別の色素が多くてその働きが邪魔されたりするため、普通の植物に比べて生長が遅い種類が少なくありません。極端なものは、生命力が弱くて特別な管理が必要な場合もありますが、本書では極端に性質の弱い種類は避け、なるべく家庭で普段づかいしやすいものを中心に紹介しました。なかには植えつけ場所や気候のちょっとした違いで、葉焼けや枝の枯れ込みが起こる場合もないとは限りません。こうした症状が現れた場合は、植え場所や用土にも気を配り、日除けや防寒なども必要となります。

もっとも、生長が遅い種類は姿が乱れにくく、一概に欠点というわけではありません。一方、まったく気を使う必要のないほど丈夫で栽培容易な種類もあります。カラーリーフはそれぞれの性質をよく理解して使い分けましょう。

生育の早いもの

草花ではアジュガ、エゴポディウム（適地では一気に5〜10倍になる）、ガザニア（原種系シルバーリーフ）、リシマキア（とくに銅葉系）、ワイヤープランツ（いったんはびこると根絶は困難）、イポメア（夏のグラウンドカバーには最適、冬は枯れる）など。

樹木はセイヨウイボタの仲間、ネグンドカエデ、ギンドロなど。つる植物は斑入りクズ、カナリーキヅタなど。

生育の遅いもの

斑入りのシマトネリコやモッコクなど。本来は高木で生育は遅いほうではないが、カラーリーフでは極端に生長が遅くなる。ただし性質は丈夫。

アジュガ'バーガンディグロー'

ガザニア・ユニフロラ

イポメア'スイートキャロライン'

ネグンドカエデ'フラミンゴ'

斑入りクズ

エゴポディウム

リシマキア'ミッドナイトサン'

セイヨウイボタ'シルバープリベット'

斑入りシマトネリコ

グループ別にみるカラーリーフの管理のポイント

栽培上の都合からカラーリーフを耐寒性で大別すると、通常では冬を越せない熱帯性もしくは1年草と、耐寒力のある温帯性、その中間の半耐寒性に分けられます。

温帯性のカラーリーフ

ヨーロッパの花壇では普通に植えられる草花が、日本の気候に合わないことはよくあることでした。かつてはペチュニアがその代表で、数10年前まではペチュニアといえば雨で花が溶けたように腐り、病気にも弱くて日本では使いものにならなかったものです。それが今ではどうでしょう。丈夫な栄養系が生れて普及すると、あとを追うように実生系のペチュニアも品質が向上し、新しい園芸植物へと進化しました。

残念ながら、カラーリーフではそこまで画期的に進化した品種はありません。たとえばサワギキョウやオタカラコウの仲間には、魅力的なダークカラーの品種がありますが、欧米のボーダー花壇では定番となるこれらの草花は、日本では高冷地か北海道でなければ本来の美しさは見られません。生かしておくのさえ難しい場合もあります。ただ、品種によって同じ種とされる植物でも丈夫なものとそうでないものがあるのも確かで、プルモナリアやアサギリソウ、かつてのヒューケラがそうでした。

SNSで情報が容易に共有できる時代ですから、園芸を楽しむ人たちの関心が集まれば、優秀な種類・品種が簡単にわかる時代もそう遠くないかもしれません。

葉の厚みと美しさの関係

葉が薄い種類のカラーリーフは、光の加減で透き通って見えることもあり、とくに新緑の季節は輝いて見えるものです。しかし、日本の厳しい夏を迎えると、強光線や乾燥で弱り、とくに冷温帯産の種類は真夏の太陽にさらされると、焼け焦げたように葉が枯れ込んでしまいます。こうした種類は、なるべく西日が当たらない場所や、大きな落葉樹の陰になるような場所を選んで植えるようにしましょう。

モミジの仲間はその代表例で、日本産のイロハモミジ、ヤマモミジには葉色の美しい園芸品種が1000種類近くあるにもかかわらず、ほとんどが欧米でコレクションされており、一般には知られることがありません。モミジの名所が川の流れる湿度の高い山間地に限られるのも、乾燥した空気に弱いことを物語っています。広く植えられるノムラ系のモミジは、例外的に乾燥に耐える葉を持っているわけです。

特殊なシルバーカラー

葉の表面に毛が生えているタイプのシルバーリーフは乾燥に耐えますが、逆に長く葉が濡れたままになっている状態を嫌い、泥はねなどで葉が汚れると葉が傷みやすい傾向があります。

また、ギボウシの中には葉に白い粉（ワックス）がつき、灰青色に見える品種があります。春先から晩春までが美しく、梅雨時を過ぎるころから色が薄れ、夏には緑葉になってしまいます。白粉が雨や灌水で流れるためで、長く美しい葉色を楽しむには、鉢植えにして雨に当てないことですが、あまり現実的ではありません。やはりギボウシは自然の中で楽しみたいものです。

カエデの仲間としては乾燥に耐えるノムラモミジ

見る人にクールな印象を与えるシルバー系のギボウシ

半耐寒性のグループ

　中間的なグループとしては、0～−5℃前後で越冬する半耐寒性の種類があります。これらは、オセアニアや南アフリカ、ヨーロッパ南部を含む地中海地域が原産で、過湿を嫌い、乾燥には比較的強いという共通点があります。

　温暖な地域では生育が早く丈夫なものがほとんどですが、雨や寒さにどの程度耐えるかは種類や植えつけ場所の環境で微妙に異なります。基本的には春と秋が生育適期で、梅雨時の過湿は徒長や蒸れからくる枝枯れを起こすものがあります。条件がよければ真夏も順調に生育し、根がしっかり張った株であれば冬の寒さは軽い風除け程度で耐えますが、積雪が繰り返される地方での越冬は難しいものがほとんどです。

熱帯性のグループ

　最も流通量が多く、私たちの目に触れる機会の多いのが熱帯性のカラーリーフです。品種改良や栽培技術の向上で、昔は観葉植物として鉢花扱いされていた種類が、安価な花壇苗として出回るようになりました。今日、熱帯地域で植栽されるカラーリーフのほとんどは、日本の夏花壇には問題なく育ちます。とくに繁殖容易で生長の早い種類は、欧米以上に盛んに使われます。

　比較的生育の遅い大型のクロトン、アカリファなどは、越冬に場所を取ることもあって一般家庭で維持するのは困難ですが、ひと夏限りと割り切れば、インパクトのある夏花壇ができ上がります。欧米諸国でも熱帯植物は夏花壇の定番で、植物園や都会の花壇でも熱帯性カラー

クロトンとコリウスの混植花壇

リーフは盛んに使われます。ある意味、富の象徴なのかもしれません。

手軽に楽しめる熱帯性カラーリーフ

　最も手軽な熱帯性のカラーリーフのひとつにコリウスがあります。昔から金蘭紫蘇（キンランジソ）の名前で実生系が知られていましたが、近年では色鮮やかで個性豊かな栄養系品種が広く出回るようになりました。

　ほかにも、イポメア（サツマイモの観葉タイプ）や、黄色やオレンジのカンナもカラーリーフとして見直され、定着しています。球根植物のカンナは、暖地ではそのまま越冬しますが、コリウスやイポメアは室内での越冬管理が欠かせません。コツさえつかめば難しい技術ではなく、ほかの熱帯植物にも応用できますから、試してみましょう。

熱帯性カラーリーフの冬越し法

　ポイントは秋の気温が下がる前に挿し芽で小さな苗をつくることで、早すぎると冬までに大きく育って場所を取ることになります。反対につくるのが遅いと発根が悪くて弱い苗となり、冬越しが難しくなります。挿し芽は4～5号鉢に半分ほど市販の挿し芽用土を入れ、7cm前後に切って葉も切りつめた穂を数本ずつ挿します。発根促進剤を利用してもよいですが、なくても構いません。

　挿したあとはポリ袋で包み、4～5日は日陰に置きます。様子をみながらポリ袋に穴をあけて外気に慣らし、乾かないように灌水します。7～10日ほどで少しずつ日に当てて、ポリ袋を取り去るころに、日向に移します。気をつけるのは、袋に入れたまま直射光に当てないこと。高温で煮えてしまいます。用土の乾燥も禁物で、とくにポリ袋

に穴をあけ始めてから1週間は乾かさないように気をつけます。

　3週間もすれば鉢上げできるほどしっかりした苗になります。薄い液肥を施して、そのまま越冬させるのもよし、いったん小鉢に移植して独立させても構いませんが、要は室内に入れても邪魔にならない程度の大きさの元気な苗を準備するのが目的です。

　できた苗は、寒くなる前に部屋に取り込み、加温マットなどを入れた室内用ビニル温室で越冬させます。翌春、屋外に出すのは八重桜が咲き終わるころを目安にするとよいでしょう。その後はひと回り大きな鉢に植え替えてたくさんの新芽を出させ、5～6月に挿し穂を取って夏花壇用の苗をつくります。

季節別おすすめカラーリーフ

春のカラーリーフは

春は一年で最も生命力あふれる季節。冬眠から目覚めたさまざまな植物が芽を伸ばし、カラーリーフでなくても、新緑の時期はさまざまな色彩があふれます。里山のコナラは銀色のウブ毛に包まれた新芽が明るい日射しに輝き、シイノキはプラチナゴールドの新緑に包まれます。普段愛想のない街路樹のクスノキでさえ、赤やオレンジ、イエローグリーンの混じる芽吹きで季節を飾るのです。

耐寒性のカラーリーフも鮮やかな新葉を広げ、なかでも透き通るようなイエロー・ホワイト系や、深みのある赤い新芽のブロンズ系は目を引きます。春のこの時期、最も季節を象徴するのはイエロー系のブライトカラーですが、ほかの多くの植物も明るい緑に包まれるため、それだけでは印象が弱くなりがち。そこで濃緑の常緑樹やダークカラーと組み合わせ、コントラストを強調して華やかに見せる工夫をしましょう。

春は週を追うごとに庭の様子が変わります。ほどなく新緑から緑葉に変わるほかの植物に比べ、長く色が留まるカラーリーフは、初夏に向かって存在感が浮かびあがり、そうした変化を眺めるのもこの季節の醍醐味でしょう。また、黄色の補色にあたる紫青色との組み合わせも効果的で、この時期に咲く青～紫系の草花を植えておくのもよい考えです。

春の芽出しが美しい温帯性のカラーリーフ

この季節のおすすめは、なんといっても温帯性のカラーリーフが一番です。種類の多さで代表的なのはギボウシですが、今や色彩のバリエーションではヒューケラとその仲間が一番ではないでしょうか。赤、茶、シルバーに白斑、黄色系からオレンジとつぎつぎに新しい色彩が加わりました。春から初夏にかけて咲く白、赤、ピンクの花にも捨てがたい風情があります。また、アジュガはこれまでのグリーン、ブロンズ、白斑に加えてシルバー系、ゴールド系の品種が加わり、リシマキアには丈夫なグラウンドカバータイプがいくつも紹介されています。耐寒性ユーフォルビアの仲間は、変わったフォルムとテクスチュアが従来の宿根草にはない魅力を備え、栽培しやすい品種も増えてきました。

小型の樹木を効果的に使おう

春はまだ1年草や宿根草の草丈が低いため、ボリュームのある小低木のカラーリーフが活躍する季節でもあります。

イエロー系の代表としては、ユキヤナギ、アメリカテマリシモツケ、レンギョウなどの落葉樹は早春からの芽吹きが楽しめ、セイヨウイボタやセイヨウヒイラギ、メラレウカなどの常緑樹は春盛りになってからが見ごろとなります。ダークカラーはメギの仲間やアメリカテマリシモツケ、あるいはニューサイランなどが目を引きます。

斑入り植物ではタニウツギの仲間に白覆輪や黄金葉があり、白やピンクの花との取り合わせが何ともいえない華やぎを見せてくれます。モミジ、カエデの仲間も新芽がほころぶ春先から初夏にかけて最も美しい季節で、和洋を問わずぜひ庭に植えたいカラーリーフのひとつです。

ユキヤナギ黄金葉

メギ'ルビーグロー'

タニウツギ覆輪葉

夏におすすめ熱帯性のカラーリーフ

いまや夏花壇の定番となったコリウスをはじめ、カラジューム、コロカシアといったサトイモの仲間や、アルテルナンテラ、赤葉ハイビスカス、イポメア、クロトン、ヘミグラフィスなど、本書で紹介した熱帯植物は暑いほど元気です。管理も容易で肥料切れや極端な水切れにだけ注意すれば夏じゅう楽しめます。ただし、コリウスのうちピンクやオレンジ系の品種に限り、真夏の葉色はパッとしません。鮮やかな色になるのは夜温が下がる初秋なのでご注意ください。

こうした熱帯性のカラーリーフの植えつけは5月下旬以降が安全です。早すぎると低温で苗が弱ってしまい、あとから植えつけた苗に追い越されることも珍しくありません。いったん根づけば秋遅くなってもそのまま眺められる場合が多く、アルテルナンテラなどは霜が降りるまで楽しめます。ただし、ほとんどの種類は10月には生育が鈍るので、家庭で越冬させる場合は9月中の植物が元気なうちに挿し木して苗をつくるか、10月半ばごろには鉢に掘り上げて越冬準備に入ります。1年草的に扱う場合はその必要はありません。（105ページの囲み記事参照）

涼感を呼ぶシルバーリーフ

灰白色をしたシルバーリーフにも、強い日射しや乾燥に強いものが多くあります。花の少ない夏に涼感を楽しむ意味でもシルバーリーフは貴重な存在です。代表的なものにはヘリクリサムの仲間（ペティオラレ種、シアンスチャニカム種）やアルテミシア・アルボレスケンス、ケントウレア、セネキオ、プレクトランサスなどがありますが、オレアリアやラゴディアといった小さな葉のシルバーリーフもよいものです。風を感じさせるグラス類も夏の花壇には効果的で、シルバー系のグラスはアンドロポゴンやパニカムなどがおすすめです。

ブライトカラーにはダークカラーを忘れずに

こうした光を反射して見えるカラーリーフは、そのほかにもコリウスやプレクトランサスをはじめ1年草的に扱える熱帯植物を加えて、カラフルなミックスボーダーにすることもよいでしょう。

ただ、シルバーリーフは梅雨時の高温多湿を嫌う種類が多く、とくに枝葉の密集しやすいサントリナ、ラベンダー、ラムズイヤーなどは、そのままにしておくと枝ごと腐ってしまうこともあります。混み合った枝を間引いたり、枯れ葉を取り除いたりして蒸れないように手入れしましょう。

同じシルバーリーフでも、本来半日陰を好む種類（ラミウム、白斑のヤブランの仲間など）は湿り気を好み、逆に梅雨明け以降の強光線では葉焼けしやすいので注意します。

コロカシア'ブラックマジック'

カラジューム'キャンディダム'

ケントウレア・キネラリア

アルテルナンテラ'レッドフラッシュ'

ラミウム

秋・冬のおすすめカラーリーフ

　秋といえば収穫、紅葉、そしてお月見や運動会など、行楽やイベントが盛りだくさんの季節。園芸シーズンとしても春に次いで苗や球根、鉢花などがにぎやかに店先に並ぶ時期です。オレンジ、ブロンズ、レッドにゴールドを組み合わせた、ハーベストカラーのコーディネートも楽しみなものです。

　またこの時期は、花穂のついたグラス類も季節感を盛り上げる主要なアイテムで、斑入りのススキやモリニア、アンドロポゴンなどいくつもの種類が見ごろを迎えます。ケイトウやトウガラシ（カプシカム）などと組み合わせれば、庭は一気に秋めいてくることでしょう。

秋に色鮮やかになる熱帯植物

　熱帯植物のうちブロンズやオレンジ系の赤い色素を持つ種類は、気温が下がり始める初秋から冴えた葉色を見せます。その代表がコリウスやトウガラシの仲間です。ほかにもペニセツムやアルテルナンテラ、シャスラといったブロンズカラーのリーフプランツは、熱帯夜が続く真夏より、明け方に多少涼しいくらいがちょうどよいようで、秋のほうが深みのある葉色が楽しめます。

　しかし、これら熱帯原産の植物にとっては、すでに生育適温を下回り始めているので、秋に入っての植え替えなどは避けましょう。たとえこの時期販売される苗でも、熱帯植物は9月中には植えつけをすませ、根をなじませておかないと、秋の終わりを待たずして傷んでしまいます。

意外に面白い冬野菜のカラーリーフ

　日増しに寒さが厳しくなり、庭に彩りが減っていく季節はカルーナやコニファーの仲間など常緑性の樹木やグラウンドカバーが目を引くようになりますが、そんな中でひときわ目を引くカラーリーフがハボタンを代表とするブラシカの仲間です。

　もともと野菜のキャベツを共通の先祖とするハボタンですから、従兄にあたるブロッコリーやケール、カリフラワーなどにもカラーリーフのように楽しめるものがあります。これらの苗は秋に園芸店に出回るので、試してみるのもよいでしょう。

　ほかにも、同じブラシカ属では、タカナ、カラシナ、ミズナや、レタスの仲間で結球しないリーフレタスは、初心者でも手軽に種子から育てられる優れた冬のカラーリーフです。ポイントはタネ播き時期にあり、真冬になって

からでは育ちが悪いので、秋の半ばまでにポットに直播きして間引きながら苗を育てましょう。移植もできますが、タネは安価なので間引き栽培が簡単です。

雪と氷のイメージのシルバーリーフ

　雪が積もることの少ない太平洋沿岸部では、雪や氷を連想させるシルバーリーフを冬の植栽に使うことが流行っています。しかし、意外にも冬に屋外で楽しめるシルバーリーフは多くありません。常緑性シルバーリーフの大半が半耐寒性で、耐寒性のある種類は少ないのです。アルテミシアのほとんどは落葉休眠してしまいますし、テウクリウムやブッドレアも葉が少なくパッとしません。パンジーなど耐寒性の1年草は5〜10℃でも生育を続け、花も咲かせますが、フェスツカを除くとシルバーリーフのほとんどが冬は休眠状態にあります。

　オレアリア、カロケファルス、クリスタルグラス、ケントウレア、ヘリクリサムなど半耐寒性のグループは、0〜5℃には耐えるものの寒風にさらされると脱水症状を起こします。だからといって、暖かい室内では徒長しやすいので、置き場所としては南向きの軒下などがベストです。マイナス10℃以下でも平気で冬を越すシルバーリーフは、コトネアスター・グラウコフィルスくらいでしょうか。

　もちろん、寄せ植え用のポット苗は真冬でも出回っていますから、パンジーやシクラメンと組み合わせて楽しむのはかまいません。シルバーリーフは冬の間はほとんど生育しません。比較的寒さに強いとされるシロタエギクでさえ、初冬に植えた苗と厳寒期に入ってから植えた苗では耐寒性は異なります。真冬に植えた苗は根の動きが悪く、乾燥や過湿にも弱くなりますから、そのつもりで扱いましょう。

白い中斑が涼しげなシマススキ

ベランダで楽しむコンテナ&鉢植え

ベランダは庭に比べて乾燥しやすく、風も強く当たり寒暖の差が激しいなど、植物にとって厳しい環境です。筆者は以前、クリスマスローズを3時間ほどしか日の当たらないマンションのベランダで育てましたが、元気なのは冬から春先までで、夏にはひどく衰弱して栽培に苦労しました。その後、小さな畑を借りて地植えにしたところ、かんかん照りでも50%の寒冷紗1枚ですくすく育ち、実生苗がタネから1年で開花するなどあまりの差に愕然としたものです。ちょっとした環境の差で育てやすかったり難しくなったりと、植物の種類によって反応の仕方がずいぶん違うと思い知らされました。

日当りに合わせて種類を選ぶ

半日以上日の当たるベランダでは、熱帯〜亜熱帯や乾燥に強い地中海性気候の地域に産するカラーリーフがよいでしょう。たとえば、デュランタ、ガザニアやセトクレアセア、多肉植物のグラプトペタルムなどがおすすめ。アガベやユッカも乾燥に強く丈夫ですが、刺があるので注意が必要。樹木はコプロスマやメラレウカ、グレヴィレアなどオセアニア産のカラーリーフがおすすめです。

日当たりがあまりよくない場所では、日陰を好むカラーリーフのうち、しっとりした空気の中で大きな葉を広げるギボウシよりも、硬くて繊維質の葉を持つヤブランや

オオバジャノヒゲなどが適します。ヤツデやアオキといった日本原産の植物は丈夫ですが、のびのびと美しく育てるには、風除けや人工芝で湿度を保つなどの工夫が必要かもしれません。

コンテナ栽培の長所を生かす

コンテナ栽培の一番の長所は、簡単に移動できることです。見ごろになった開花株やリーフプランツの鉢植えを彩りよく並べる「寄せ鉢」は、ほぼ完成した鉢植えを並べるのですから、初心者でも難しいことはありません。色彩にこだわりコントラストやテクスチュアに心を砕いて並べてみましょう。多少草丈が足りない部分は鉢の下に空鉢やレンガを置くという裏ワザもあります。大事なことは置きっぱなしにしないこと。見ごろが過ぎた鉢は別の場所に移すなどの気遣いはしたいものです。

もし、庭があって置き場所にも余裕があるなら、植物の好む環境に合わせて季節ごとに移動させたり、置き場を遮光ネットで覆うことも可能です。

ベランダは庭と同様に園芸を楽しむ絶好の場だが、乾燥しやすいなど制約がある

コンテナは維持管理に手がかかりますが、ベランダをきれいに飾るのには欠かせない

よい苗の選び方

秋の園芸シーズンを控えて華やぐ園芸店の店頭

　カラーリーフは株分けや挿し木など、栄養繁殖で殖やす種類が多いので、種子から育てられる一般の1年草とは苗選びのポイントが違うところもありますが、基本的には一般の草花とあまり変わりません。悪い苗は、間延びした徒長苗、温室育ちで無理に早く出荷された虚弱苗、肥料切れなどで下葉が黄色く枯れ始めた苗のように、慣れてくるとひと目でわかります。

　また、根づまりで元気がない苗や水切れさせた苗も、葉先が少しだけ枯れたり鉢底から見える根が茶色いなど、何らかのサインがあるので、ここもチェックポイントです。

　なお、どうしても欲しい苗の場合は、買って帰ったら早めに植え替えましょう。植物の基本は「根」にあるので、一度鉢から抜き上げて根鉢を観察します。もし傷んでいるようなら、軽く土を落として傷んだ根を取り除いてから、同じサイズかひと回り大きな鉢に植えつけましょう。適期であればいきなり地面に植えつけてもかまいませんが、半年～1年間鉢植えで様子を見るのが安全です。

種類別チェックポイント

　グラスの仲間や、ギボウシなど株立ちになる種類は、ポットの大きさに比べて芽数が多すぎると芽が細くて勢いが弱いことがあるので、ほどほどに充実した芽がついた株を選びましょう。

　一方、茎が立つ種類のカラーリーフは、茎が太くて節間がつまり、がっしりした印象の苗を選ぶのが基本です。挿し木苗の場合は、挿し穂が痩せているとそこから出た芽も細くて弱々しく、逆に太すぎて切り口が空洞になっているのもよくありません。

　また、熱帯性のカラーリーフは、苗の良し悪しはもちろんですが、前述したように植えつけ時期が大切で、温度が不足しているときに植えても上手く根づきません。もし苗を手に入れた時期が早いようなら、適期になるまでしばらく暖かい室内や軒先で管理しましょう。樹木も基本は挿し木苗ですが、なかにはネムノキやサンショウ、シマトネリコの斑入りなどのように接ぎ木苗もあります。この場合は台木との接合部分の良し悪しが後の生育に影響するので、充実した台木にしっかりと接がれた苗を選ぶことが大切です。

矮化剤に注意

　なお、矮化剤で不自然に小さくした苗は、庭植えにはおすすめできません。植えつけ後もほとんど大きくならず、そのままシーズンが終わってしまうことがあるからです。見分け方は品種の特徴でもないのに、厚ぼったくて捻じれたような葉をしている、葉色が異様に濃くて鮮やか、節間がある部分から急に短くなって太い茎になっている、などの特徴があり、こうした苗は避けたほうが賢明です。矮化剤処理は、苗の見映えや売店での日持ちをよくするなどメリットが多く、適切な処理であれば植えつけ後まで効果が長引くことはないはずですが、何事も「過ぎたるは猶及ばざるが如し」というわけです。

アザーカタログの
植物解説

（P75 と 96 で紹介した紹介した
カラーリーフのうち図鑑に項目のないものを解説）

バロータ
Ballota pseudodictamnus

	シソ科	葉の観賞期間： 1 ～ 12 月
	葉色：銀	
	日照：☀🌤	植えつけ時期： 3～5月、10～12月
草丈：30～50㎝	耐寒性：❄❄❄	

　ニガハッカに近縁で、ギリシャホアハウンドとも呼ばれる。手触りのよい柔らかな白毛に覆われた丸い葉を茂らせる。花は葉の腋にかたまってつき、花弁は目立たないが萼が丸くて可愛らしい。

　蒸れと過湿を嫌うので、日当たりと風通しのよい場所を選び、水はけのよいようレイズドベッドなどに植えるとよい。枝は株元で分岐し、50㎝ほどに伸びると倒れて姿が乱れやすくなる。花後は半分ほどの丈に切り戻し、枯れ葉を取り除いて育てる。→ P75

リーフレタス
Lactuca sativa var. crispa

キク科	葉の観賞期間：5〜7月、10〜11月
葉色：赤紫・茶	
日照：☀	植えつけ時期：4〜5月、9〜10月
草丈：15〜20cm　耐寒性：❆❆❆	

結球しないレタスの仲間で、葉の色も形もさまざま。一般的な明るいグリーンのほか、赤茶色から濃褐色などのバラエティがあり観賞用には後者が面白い。真夏と真冬以外はタネから簡単に育ち、短期間なら無農薬でも充分育つので食用にもできる。生育が早く、花壇に直接タネを播いて、密集する若苗を眺めながら、ベビーリーフとして間引きながら収穫する楽しみもある。長く置くと株姿が乱れるので早めに収穫するとよい。見ごろは2ヶ月間ほど。→P96

ギンドロ
ウラジロハコヤナギ
Populus alba

ヤナギ科	葉の観賞期間：4〜11月
葉色：銀（葉裏）	
日照：☀	植えつけ時期：3月、12月
樹高：2〜5m　耐寒性：❆❆	

ヨーロッパ中南部、西アジア原産の落葉高木。若い茎と葉裏には白毛が密生していて銀白色に見える。黄金葉の品種 'リカルディ' があるが、白毛に覆われた葉裏だけ見ていると区別がつきにくい。

生育が早く、小さな苗木が数年で4〜5mになる。本来20mを超える大木に育つのだが、日本ではカミキリムシなどの被害を受けやすく、暖地では大きな木はめったに見ない。地表付近に伸びる根から不定芽を出して薮のようになることもある。街路樹、公園樹として利用される。

ツノゲシ
Glaucium flavum

ケシ科	葉の観賞期間：5〜11月
葉色：銀	
日照：☀	植えつけ時期：4〜5月
草丈：60〜90cm　耐寒性：❆❆❆	

地中海沿岸部に分布する2年草もしくは多年草で、晩春から初夏にかけてケシに似た黄〜橙赤色の花を咲かせる。果実は細長く20cm以上になり、若いうちは角のように見えることからツノゲシの名がある。葉はたくさんの切れ込みがあって白くやや多肉質。地際から多数伸ばす。

水はけと日当りのよい場所を好み、過湿を嫌う。できればレイズドベッドに植えるとよく育つ。比較的短命なので、春か秋に種子を播いて苗を更新する。

オリザ
観賞用イネ
Oryza sativa

イネ科	葉の観賞期間：5〜10月
葉色：黄・桃・黒	
日照：☀	植えつけ時期：4〜6月
草丈：50〜60cm　耐寒性：❆❆❆	

葉を観賞するイネで、大型種は昔から水田の境界を示す用途で植えられていた。現在は各地で行われる「田んぼアート」用に、矮性で鮮やかな葉色の品種が出来ており目にする機会も増えている。代表的なものに '雪あそび'（白黄葉）、'紅あそび'（ピンク葉）、'黄稲'（黄金葉）、'むらさき米'（黒葉）などがある。

本来熱帯植物なので暑さには強く、栽培には充分な日照を必要とする。水田用品種のためスイレン鉢など底穴のない容器に植えて鉢ごと花壇に並べるとよい。最近では、直接花壇やコンテナに植えられる陸稲の銅葉品種も販売されている。

ナンテン 'オタフク'
オカメナンテン
Nandina domestica

メギ科	葉の観賞期間：1〜12月
葉色：赤	
日照：☀◐	植えつけ時期：6〜7月、9〜10月
樹高：30〜50cm　耐寒性：❆❆	

ナンテンは中国原産の常緑低木だが、古くから庭木として栽培され野生化している個体も多い。園芸品種のオタフクナンテンは矮性で多数の茎が株立ちとなり、丸みを帯びた葉がほぼ年中紅葉している。

樹高は20cm前後で古くなっても50cm程度にしか伸びない。紅葉を楽しむには日向に植えるのがよいが、半日陰でも冬の寒さにあうとかなり赤くなる。極端な乾燥地以外は土質を選ばず栽培は容易。めったに花が咲かず、実もつけないため株分けなどで殖やされる。

フッキソウ
キチジソウ
Pachysandra terminalis

ツゲ科	葉の観賞期間：1〜12月
葉色：緑＆白	
日照：◐◐	植えつけ時期：3〜5月、9〜11月
草丈：20cm　耐寒性：❆❆	

日本を含む東アジアに分布する常緑低木。湿り気の多い山地の林内に生え、かなり暗い日陰にも耐える。茎は地面を這いながら根を下ろし、立ち上がった先端に多数の葉がつく。丈夫で古くなってもほとんど姿が乱れないため、グラウンドカバーとして重用される。

緑葉の原種のほか、クリーム色の覆輪品種が栽培される。斑入り品種は葉全体が明緑色で明るい印象がある。いったん根づけば多少の乾燥に耐えるが、斑入り品種は夏の直射光下での乾燥は枯死につながる。早春に咲く花には僅かだが独特の香りがある。

サルビア・リラータ
Salvia lyrata

シソ科	葉の観賞期間：1〜12月
葉色：赤紫	
日照：☀◐	植えつけ時期：4〜10月
草丈：20〜60cm　耐寒性：❆❆	

アメリカ東部原産の多年草で、銅葉の品種が普及している。葉裏は鮮やかな紫紅色。市販の苗は径15cm前後のロゼット状で、花茎も20cm前後だが、地植えにすると二回りほど大きくなって、花茎も50cmまで伸びる。

たいへん丈夫で土質を選ばず、栽培は容易。日向から半日陰で育つが日当たりが悪いと葉色が淡くなる。花は白に近い水色で初夏から秋まで絶え間なく咲いているが、半ばガクに隠れているうえ、すぐに花弁が落ちてしまって目立たない。こぼれダネで殖え、適地では雑草化するので注意が必要。'パープル・ボルケーノ' などの品種がある。

マンリョウ '紅孔雀'
Ardisia crenata

サクラソウ科	葉の観賞期間：1〜12月
葉色：--	
日照：◐	植えつけ時期：4〜5月、9月
樹高：30〜100cm　耐寒性：❆❆❆	

常緑低木で、紅褐色の葉に鮮紅色の細かい斑（砂子斑）や縁取りが入る。若木のうちは鮮やかだが、大きくなると次第に紅色の部分が少なくなってくる。高さ10〜15cm前後の若苗が流通する。6〜7月には小枝の陰に隠れるように白い小さな花を咲かせ、冬には赤い果実を鈴なりにつけて美しい。

やや湿った日陰〜半日陰を好み、乾いた風は嫌う。原種よりも生育が遅く、主枝ほとんど分岐しないため、植えつけ後の手入れの必要はない。根が粗いため植え替えは好まず、とくに大株の移植は難しい。

111

カラーリーフプランツの入手先ガイド
全国園芸店ガイド

おぎはら植物園上田店の売り場の様子

おぎはら植物園
上田店

4000品種を取りそろえたカラーリーフプランツを含む宿根草専門店。ネット通販も充実して、全国の宿根草ファンから注目されている
長野県上田市芳田1193
℡：0268-36-4074
http://www.ogis.co.jp
http://www.rakuten.
co.jp/ogis/

雪印種苗園芸センター

バラ苗が充実。バラ見本園を併設（無料）
北海道札幌市厚別区
上野幌1条5-1-6
℡：011-891-2803
　　　　　（温室店舗）
℡：011-896-7852
　　　　　（苗木売場）
http://www.
snowseed-garden.jp/

ガーデンプランツ工藤

サンプルガーデン併設
岩手県滝沢市
巣子1011-1
℡：019-688-5010
http://www.
gardenplants.jp/

ガーデンガーデン
愛子本店

宮城県仙台市青葉区
上愛子蛇台原62-5
℡：022-391-8718
http://www.nigachi.
co.jp/shop/ayashi/

ガーデンプラザ華
福島店

福島県福島市
成川字久保前11-1
℡：024-545-4445
http://www.
greenlabo.jp/

ジョイフル本田
新田店

関東に多数のガーデンセンターを展開するジョイフル本田。アンディ＆ウィリアムスボタニックガーデン併設
群馬県太田市新田市野井町556-1
℡：0276-57-7120
http://www.
joyfulhonda.com/
shoplist/nitta/

ACID NATURE
乙庭

ネット通販も。
来店は要予約
群馬県高崎市貝沢町
1289-1 quarry-D
℡：050-3580-0022
http://www.
garden0220.jp/

プロトリーフ
ガーデンアイランド
玉川店

東京都世田谷区瀬田
2-32-14
℡：03-5716-8787
http://www.
protoleaf.com/

音ノ葉

季節の草花を中心にバラとクリスマスローズ、クレマチスが充実
東京都文京区
関口2-11-31
℡：03-3942-0108
http://www.
oto-no-ha.jp/

渋谷園芸 本店

ネット通販も
東京都練馬区豊玉中
4-11-22
℡：03-3994-8741
http://www.shibuya-
engei.co.jp/honten.
html/

オザキフラワーパーク

東京都練馬区石神井台
4-6-32
℡：03-3929-0544
http://www.ozaki-
flowerpark.co.jp/

ガーデンセンター横浜

総合種苗会社サカタのタネ直営店
神奈川県横浜市
神奈川区桐畑2
℡：045-321-3744
http://www.
sakataseed.co.jp/
gardencenter/

ヨネヤマ
プランテイション
ザ・ガーデン 本店

神奈川県横浜市港北区
新羽町2582
Tel：045-541-4187
http://www.
thegarden-y.jp/

新津フラワーランド

山野草も豊富

新潟県新潟市秋葉区古津
891-1
Tel：0250-24-8787
http://www.nf-land.
com

ペレニアルガーデン
ショップ ABABA

総合種苗会社ミヨシの宿
根草ショップ。宿根草
ガーデン併設

山梨県北杜市小淵沢町
上笹尾3181
Tel：0551-36-5918
http://www.miyoshi-
group.co.jp/ababa/

日野春ハーブガーデン

ハーブ苗を中心に一般草
花の苗も多数。ネット通
販も

山梨県北杜市長坂町
日野2910
Tel：0551-32-2970
http://www.hinoharu.
com/

花と植木の専門店
白州花壇

山梨県北杜市白州町
白須1318
Tel：0551-35-4220
http://www.hakusyu-
kadan.com/

柏木植物園

静岡県駿東郡長泉町
納米里209-1
Tel：055-986-2783
ttp://www.kbotg.com

浜北営農
緑花木センター

回遊式日本庭園併設

愛知県浜松市浜北区
新原6677
Tel：053-587-8728
http://www.jatopia.ja-
shizuoka.or.jp/event/
ryokkaboku

豊橋ガーデンガーデン

愛知県豊橋市大岩町
字境目35-8
Tel：0532-41-8787
http://www.
gardengarden.net/

豊田ガーデン
ガーデニングプロ
ショップ

1300坪に花木450種、
草花1100種を植えた
ガーデニングミュージア
ム「花遊庭」併設

愛知県豊田市寿町4-54
Tel：0565-24-2122
http://www.kayutei.
co.jp/shop

日本ライン
花木センター

岐阜県可児市土田4567
Tel：0574-25-3126
http://www.ctk.ne.jp/
~hanaya/

長良園芸

岐阜県岐阜市長良903
Tel：058-231-6050
http://www.
nagaraengei.info/

なばなの里 花市場

東海地区最大のスケール

三重県桑名市長島町駒江
漆畑270
Tel：0594-41-0100
http://www.
nagashima-onsen.
co.jp/nabana/shop/

グリーンプラザ
カワシマ

滋賀県東近江市林田町
1480-1
Tel：0748-24-1119
http://www.gp-k.jp/

まつおえんげい

バラとクレマチスが豊富

京都府京都市西京区
大枝西長町3-70
Tel：075-331-0358
http://www.
matsuoengei.web.fc2.
com/

京阪園芸ガーデナーズ

約300種類のバラをはじ
め季節の草花がそろう

大阪府枚方市伊加賀寿町
1-5
Tel：072-844-1781
http://www.keihan-
engei.com/

陽春園植物場

個性的な植物やグッズも
そろう。ネット通販
兵庫県宝塚市山本台
1-6-33
Tel：0797-88-2112
http://www.yoshunen.
co.jp/

風雅舎

7つのディスプレイガー
デンを併設
兵庫県三木市志染町
御坂1276
Tel：0794-87-2125
http://www.fugasha.
com/shop/

フラワーショップ
ロベリア

大阪府堺市和田42
Tel：072-293-8985
http://www.higuchi-
zouen.com/

ガーデンセンター
華遊

大阪府池田市中川原町17
Tel：072-751-3155
http://www.gc-kayu.
jp/

グリーンノート

大阪府箕面市萱野
4-11-1
Tel：072-723-4187
http://www.green-
note.jp/

グリーンプラザ山長
本店

奈良県生駒市小明町488
Tel：0743-75-3003
http://www.gp-
yamacho.com/

グリーンテラス
マツイ

奈良県天理市中町
224-1
Tel：0743-64-3866
http://www.g-t-
matsui.jp/

ユニバーサル・グリーン
野殿東店

岡山県岡山市北区野殿東
町3-34
Tel：086-253-2888
http://www.universal-
green.sakura.ne.jp/

清光園芸

岡山県倉敷市早高24
Tel：086-420-1020
http://www.seiko-
engei.com/

吉本花城苑
フラワーパーク本店

山口県防府市高倉
2-19-25
Tel：0835-22-5900
http://www.
yoshimotokajoen.
co.jp/

ガーデンマルシェ 下関店

山口県下関市王司
神田6-2-7
TEL：083-248-2253
http://www.g-nissin.
co.jp/

ワープ園芸文化舎

高知県高知市
長浜990-1
TEL：088-837-2872
http://wape-
engeibunkasha.jp/

ゆくはし植物園

福岡県行橋市大字
上津熊221
TEL：0930-24-1848

平田ナーセリー 久留米本店

福岡県久留米市善導寺町
木塚288-1
TEL：0942-47-3402
http://www.hirata-ns.
com/

ガーデニングサロン 風の散歩道

大分県大分市生石5-8-8
TEL：097-537-8182
http://www.
kazenosanpomichi.
com/

フジタ フラワーガーデン

大分県大分市大字下戸次
1577-4
TEL：097-548-8187

宮崎園芸

宮崎県宮崎市大字
郡司分甲1250
TEL：0985-56-1188
http://www.miyazaki-
engei.jp/

日本花卉

園芸ネット通販会社

埼玉県川口市
石神190-1
TEL：048-296-2321
http://www.nihonkaki.
com/

改良園

カタログやネット通販主
体の大手種苗会社
埼玉県川口市神戸123
TEL：048-296-1174
http://www.kairyoen.
co.jp/

サカタのタネ

東日本最大手の種苗会社。
カタログ通販、ネット販
売
神奈川県横浜市都筑区仲
町台2-7-1
TEL：045-945-8800
http://www.
sakataseed.co.jp/

球根屋さんドットコム

小球根とセダムなど多肉
植物が中心。ネット通販
神奈川県都筑区仲町台
3-10-18 河野自然園
TEL：045-532-9531
http://www.kyukon.
com/

タキイ種苗

草花から野菜、植木など
業界最大手。カタログ通
販、ネット通販
京都府京都市下京区
梅小路通猪熊東入南町
180
TEL：075-365-0123
http://www.takii.
co.jp/

陽春園

関西の老舗
兵庫県宝塚市山本台
1-6-33
TEL：0797-88-2112
http://www.yoshunen.
shop-pro.jp/

国華園

リーズナブルで豊富な品
ぞろえ。ネット通販
大阪府和泉市善正町10
TEL：0725-92-2737
http://www.
kokkaen-ec.jp/

京成バラ園芸

京成バラ園に併設された
老舗のバラ専門店。草花や
植木苗も。カタログ通販
千葉県八千代市大和田
新田755
TEL：047-450-4752
　　　　（通信販売）
TEL：047-459-3347
　　　（ガーデンセンター）
http://www.
keiseirose.co.jp/

プランツ

500坪のローズ＆カラー
リーフガーデンとレスト
ラン併設
千葉県袖ヶ浦市蔵波
2887-1
TEL：0438-63-4008
http://www.seikouen-
garden.co.jp/plants

村田ばら園 横浜本園

つるバラ、オールドロー
ズが中心。おもにネット
通販
神奈川県横浜市青葉区
奈良町2791-2
TEL：045-962-1199
http://www.
muratabaraen.jp/

姫野ばら園 八ヶ岳農場

オールドローズや歴史的
な名花を中心にネット販
売。来園は要連絡
長野県諏訪郡富士見町
境9700
TEL：0266-61-8800
http://www.
himenobaraen.jp/

京阪園芸

生産販売し新品種も作
出。ネット通販
大阪府枚方市伊加賀寿町
1-5
TEL：072-844-1785
https://keihan-engei.
com/baranae/

及川フラグリーン

苗を生産販売。ネット通販
岩手県花巻市東和町
砂子1-403
TEL：0198-44-3024
http://www.ofg-web.
com

湘南クレマチス園

神奈川県藤沢市辻堂元町
3-7-24
TEL：0466-36-4635
http://www.shonan-
clematis.co.jp/

春日井園芸センター

岐阜県土岐市鶴里町柿野
1709-69
TEL：0572-52-2281
http://www.clematis-
net.com/

カラーリーフの参考になるガーデン

（無料とあるもの以外は有料）

紫竹ガーデン

帯広郊外の田園地帯に広がる1万5000坪のお花畑の観光ガーデン

北海道帯広市美栄町西4線107
TEL：0155-60-2377
http://www.shichikugarden.com/

真鍋庭園

日本初のコニファーガーデン。ガーデンセンター併設

北海道帯広市稲田町東2-6
TEL：0155-48-2120
http://www.manabegarden.jp/

アンディ＆ウィリアムスボタニックガーデン

季節折々の草花や樹木の花が楽しめるイングリッシュガーデン。ジョイフル本田・新田店敷地内でガーデンセンター併設

群馬県太田市新田市野井町456-1
TEL：0276-60-9021
http://www.joyfulhonda.com/aw/

千住博美術館カラーリーフガーデン

美術館に併設された庭

長野県北佐久郡軽井沢町長倉815
TEL：0267-46-6565
http://www.senju-museum.jp/

ローズ＆カラーリーフガーデン

バラ専門店とレストランに併設された500坪の庭

千葉県袖ヶ浦市蔵波2887-1
TEL：0438-63-4008
http://www.seikouen-garden.co.jp/wp/rose-color-leaf

横浜イングリッシュガーデン

バラ園を中心にクレマチスや季節の草花が楽しめる

神奈川県横浜市西区西平沼町6-1
TEL：045-326-3670
http://www.y-eg.jp/

ピクチャーレスクガーデン

ガーデンデザイナーのポール・スミザーが手がけたナチュラルガーデン。軽井沢絵本の森美術館に併設

長野県北佐久郡軽井沢町長倉182
TEL：0267-48-3340
http://www.museen.org/garden/

軽井沢レイクガーデン

水辺に広がる8つのガーデン。ガーデンショップあり

長野県北佐久郡軽井沢町レイクニュータウン
TEL：0267-48-1608
http://www.karuizawa-lakegarden.jp/

ラ・カスタナチュラルヒーリングガーデン

五感で感じる美と癒しの庭。要予約

長野県大町市常盤9729-2
TEL：0261-23-3911
http://www.alpenrose.co.jp/garden/

白馬コルチナ・イングリッシュガーデン

北アルプス山麓の本格的なイングリッシュガーデン

長野県北安曇郡小谷村千国乙12860-1
TEL：0570-097-489
http://www.hakubacortina.jp/engrishgarden/

萌木の村

八ヶ岳山麓の村で野草を中心とした草花を楽しむ。ショップとミュージアムが充実。入村無料

山梨県北杜市高根町清里3545
TEL：0551-48-3522
http://www.moeginomura.co.jp/

花遊庭

豊田ガーデンのショップに併設のガーデニングミュージアム

愛知県豊田市大林町1-4-1
TEL：0565-24-7600
http://www.kayutei.co.jp/

安城産業文化公園デンパーク

子どもの楽しめる遊園施設を完備した花と緑のテーマパーク

愛知家安城市赤松町梶1
TEL：0566-92-7111
http://www.denpark.jp/

松江イングリッシュガーデン

9つの整形式ガーデンと1つの非整形式ガーデンがある。無料

島根県松江市西浜佐陀町330-1
TEL：0852-36-3030
http://www.matsue-englishgarden.jp/

フローランテ宮崎

テーマ別のガーニング見本園

宮崎県宮崎市山崎町浜山414-16
TEL：0985-23-1510
http://www.florante.or.jp/

図鑑植物名 音順索引

図鑑の項目として取り上げた植物名、別名・英名を収録。
（ ）の植物名は項目名、（ ）のページはアザーカタログを表す。

学名索引

装丁・レイアウト：森 佳織
図版製作：森 佳織

写真提供：山本規詔
　　　　　荻原範雄（おぎはら植物園）
　　　　　アルスフォト企画
　　　　　牧野 浩（白子園芸）

撮影協力：安城産業文化公園デンパーク
　　　　　アンディ＆ウィリアムスボタニックガーデン
　　　　　豊田ガーデン
　　　　　晴海トリトンスクエア
　　　　　八ヶ岳萌木の村
　　　　　雨宮美枝子
　　　　　飯田真理子
　　　　　小関葉子
　　　　　長澤亜紀子
　　　　　前島光恵
写真撮影：林 桂多（講談社写真部）
　　　　　山口隆司（講談社写真部）
　　　　　神谷好則
編集協力：三上常夫

著者紹介　　**山本規詔**（やまもと のりあき）

名古屋市東山植物園、ユニトピアささやま花の植物館などに勤務したのち、安城市のデンパークに移籍。植物の導入育成から植栽ディスプレイにいたるまで、総合的な装飾園芸のエキスパートとしての腕を振るう。これまで栽培した植物は数万種を超え、フリーとなった今でも毎年百種類以上の種子を播き続ける生粋の園芸マニアである。おもな著書に『花色合わせで楽しむガーデニング』『花のくらし』『宿根草図鑑』（講談社）、『庭をきれいに見せる宿根草の選び方・使い方』（家の光協会）ほか。

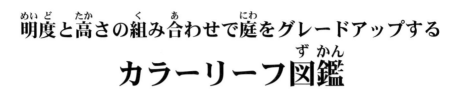

明度と高さの組み合わせで庭をグレードアップする

カラーリーフ図鑑

2017 年 11 月 15 日　第 1 刷発行

著　者……山本 規詔

発行者……鈴木 哲

発行所……株式会社 講談社
　　　　　〒 112-8001　東京都文京区音羽 2-12-21

販　売……℡ 03-5395-3606

業　務……℡ 03-5395-3615

編　集……株式会社講談社エディトリアル
　　　　　代表　堺 公江
　　　　　〒 112-0013 東京都文京区音羽 1-17-18 護国寺 SIA ビル
　　　　　℡ 03-5319-2171

印刷所……大日本印刷株式会社

製本所……大口製本印刷株式会社

N.D.C.627 127p 26cm

©Noriaki Yamamoto 2017 Printed in Japan

ISBN978-4-06-220810-9